嶺南史料筆記叢刊

桐陰清話

［清］倪　鴻　著　黃國聲　點校

SPM
南方傳媒　廣東人民出版社
·廣州·

圖書在版編目（CIP）數據

桐陰清話／（清）倪鴻著；黃國聲點校. --廣州：
廣東人民出版社，2025. 4. --（嶺南史料筆記叢刊）.
ISBN 978-7-218-18361-9

Ⅰ．K249.066

中國國家版本館 CIP 數據核字第 2025WV1425 號

Tongyin Qinghua

桐陰清話

［清］倪　鴻　著　黃國聲　點校

出 版 人：肖風華

叢書策劃：夏素玲
責任編輯：謝　尚
責任技編：吳彥斌
封面題字：戴新偉
封面設計：琥珀視覺

出版發行：廣東人民出版社
地　　址：廣州市越秀區大沙頭四馬路 10 號（郵政編碼：510199）
電　　話：（020）85716809（總編室）
傳　　真：（020）83289585
網　　址：http：//www. gdpph. com
印　　刷：珠海市豪邁實業有限公司
開　　本：889mm×1194mm　1⁄32
印　　張：6. 375　字　　數：127. 3 千
版　　次：2025 年 4 月第 1 版
印　　次：2025 年 4 月第 1 次印刷
定　　價：80. 00 元

如發現印裝質量問題，影響閱讀，請與出版社（020-85716849）聯繫調換。
售書熱綫：（020）87716172

《嶺南史料筆記叢刊》 凡例

一、"嶺南史料筆記"是與嶺南這一特定區域有關的筆記體著作，隨筆記録、不拘體例，是瞭解和研究嶺南地區歷史文化的珍貴資料，能補史之闕、糾史之偏、正史之訛。

二、《嶺南史料筆記叢刊》（以下簡稱《叢刊》）收録之"嶺南史料筆記"，包括歷史瑣聞類、民俗風物類、搜奇志異類、典章制度類，不收今人稱爲小説的單篇傳奇及傳奇集，包含嶺南籍人所撰史料筆記及描寫嶺南地域之史料筆記。

三、筆記創作時間以 1912 年以前爲主，兼收民國時期有價值的作品。

四、《叢刊》採用繁體橫排的形式排版印刷。

五、整理方式以點校爲主，可作簡要注釋。

六、整理用字，凡涉及地名、人名、術語等專有名詞之俗字、生僻字，儘量改爲常見的繁體字；對一字異體也儘可能加以統一。每種圖書在不與叢書用字總則衝突的情况下，可根據實際情况而定。

七、凡脱、衍、訛、倒確有實據者，均作校勘，以注脚形式出校記。未有確據者，則數説並存；脱字未確者，以□代之。

八、《叢刊》避免濫注而務簡要，凡涉及嶺南地域特色之風物，可以注脚形式下注；爲外地人士所不明者，酌加注釋。

九、《叢刊》暫定收録一百多種，分爲若干册，每個品種單獨成册，體量小者可酌情結合成册。每册均有前言，介紹撰者、交代版本、評述筆記内容和價值；書後可附撰者傳記、年譜、軼事輯録、索引，及相關文獻資料。

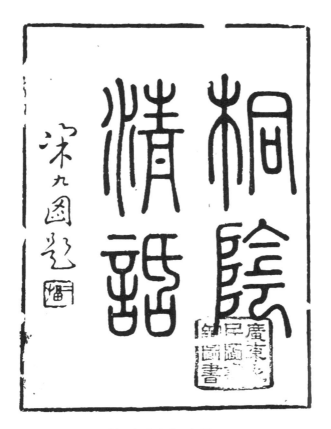

《桐陰清話》書影一

唐曹松有句云愿君莫說封侯事一將功成萬骨枯鎮

洋彭甘亭茂才（兆蓀）有句云前擁貔貅後驚燕兒

那不覓封侯讀曹詩令人消開疆展土之心讀彭詩

令人動投筆請纓之志

阮文達公初抵廣州泊舟揚幫側舟中聞弦索聲問此

何地某對曰揚幫也問何以得此名曰此地妓所居

妓多揚州人故名公晒之蓋忘公爲揚州人也此事

可入笑林

廣州諸妓妝閣中其楹帖頗多佳句如小姑云小喬夫

壻英雄裔姑射仙人綽約姿秀云南部煙花誰夕

秀東坡侍妾是朝雲轉好云對月轉思殘醉後看花

好待晚妝時琴心未許調司馬仙云琴骨何緣骨

媚豬連彩云連環唐苑繡縲印彩繢齊宮繢命絲愛

玉云愛我品題誇絕代玉人聲價重連城小凌云小

海歌喉珠一串凌波微步玉雙釣月借云月借眉痕

秋淡處春銷心字夜深時憐采云憐他楊柳春深後

采得蘋花露下時小鶯云小小名猶傳樂府管鶯生

本屬詩人折字巧不可階又有以意貼切者如柳笙

《桐陰清話》書影二

2

目　録

前　言

　　《桐陰清話》的作者倪鴻，原名始逵，字延年，後改名鴻，號雲衢、耘劬，太學生。原籍廣西臨桂（今桂林市），以父游幕廣東，遂以十歲弱齡隨侍到粵，此後長居廣州，故有時直以粵人自居。如在他的《試律新話》中，卷一有"吾粵某孝廉應禮闈覆試"，卷二有"道光癸卯科，吾粵詩題爲'數峰相向綠'得峰字"，卷三、卷四亦數數言之。他的祖父倪詵，字同人，號三橋，諸生，詩宗白居易，曾服官廣西龍州。鴻幼承家學，綺歲多才，雅能吟詠。因屢試不第，不得已出仕微官。於同治三年（1864）及十三年（1874），兩次署任廣東順德縣江村巡檢司巡檢，並曾兼署同縣馬寧巡檢司巡檢。這中間於同治八年（1869）時一度署任樂昌縣巡檢司巡檢。巡檢是從九品的小吏，職責爲"捕盜賊，詰奸宄"。如此政務，對於詩人氣質的倪鴻，可說扞格不入，大非其志，然而爲謀生計，只能委心任命了。

　　光緒二年（1876），倪鴻爲仇家所陷，他在廣州自建的小園林野水閒鷗館被侵佔，一時居無所依，不得不遠走潮州。此時適舊識葆亨正任福建巡撫，知其窘境，遂諉調他赴閩，再派往臺灣襄辦軍務。迨光緒四年（1878），葆亨卸任，倪鴻失所依靠，無奈留滯福州，前路迷茫，牢愁滿腹，作《背時詩三十首》隱以自況。直到光緒七年（1881），才被委派爲泉州税課司，依然是從九品的官兒，但生活是得到保障，不致徬徨了。清代後期官場實任官與署任官是有區別的，署任是調劑性質，任期一年甚至更短，所以倪鴻在泉州僅待了一年。離任後，於次年漫游浙江，被浙江巡撫派赴浙西軍營辦理軍務。九年，在山東機器局任文案。十三年（1887），再赴臺灣。十五年（1889）回北京。這南北奔忙的履歷，只博得浮沉末吏二十年未升一階的結果，讓他心中有無比的痛苦。後來雖憑年資遞升至七品，但所任均屬閒職，難有展布，不免自歎"七品頭銜值幾錢"，"雙鬢蓬飛，一官豆大"。光緒十八年（1892），他六十四歲開始賦閒，流寓河北唐山，此後無聞，或即在此終老了。

　　倪鴻喜藏書和讀書，他到江村任上時，鄉人見他攜書多而感詫異，赴樂昌任時，路遙數百里，仍不憚"束書五十擔隨行"。在任上，他如何捕盜賊、詰奸宄未見記載，倒是在當地以風雅提倡士林，四鄉人士亦以詩文來求評閱等事，大爲邑人稱重。他能詩，曾師事當時的名詩人張維屏和黃培芳。著有《退遂齋詩鈔》、《試律新話》、《詩話新編》。他在廣州城北的越秀山南麓建起了野水閒鷗館以居，館舍不大，面對的是城中最大的水域將軍大魚塘，魚塘面積由今天的大石三巷西至積厚坊。園林處此，山翠怡人，波光入檻，風廊水榭，頗饒佳趣。倪鴻與當時詩壇上衆多有名的詩人墨客，往復應酬，衆人均視他爲風雅詩人而渾忘其爲風塵末吏，皆樂於到野水閒鷗館雅聚。廣西詩人王拯、鄭獻甫來游廣州，就最喜歡到此與倪鴻談詩論文。又如詩人楊翰，兼好金石文字，罷官後游粵，慕名來訪，適陳澧亦正從越秀山下來，到館相遇，相與辨釋金石文字之學，陳澧曾有詩記之引爲樂事。野水閒鷗館地處學海堂西側，兩者相距不遠，以故堂中學長如熊景星、譚瑩、陳澧、陳良玉、沈世良、梁廷枏等都爲館中常客，尤其陳澧與他交厚，曾四次爲倪的詩集、藏畫題詩。

說到《桐陰清話》這書，它的内容十分豐富，材料廣泛，大抵一半是記録各地異聞軼事，或親聞或取自所閲讀的書籍。另一半是記述廣東的人文及本地風光，這部分有些是他親歷而爲他人著述中所無的，這就彌足珍貴了。如卷一述張維屏的“潤筆小啓”云：

> 番禺張南山師維屏，晚年人以詩文求評閲者，目不暇給，意甚苦之。因戲爲小啓云：“桑榆景暮，蒲柳身衰，愧賤子之虚名，承諸公之過信。不論遠近屬閲詩文，或請分以去留，或請指其得失，或請作元宴之序，或請爲鍾嶸之評，以篇章計，合之不下

數千，以卷帙言，積之常高數尺。一年三百日，日日不閒。一日十二時，時時不了。自備資斧，爲衆人校書，自舍田疇，爲他家力穡。花偏有信，來催宛似催租；瓜已及期，問討竟如討債。斯緣甚雅，此苦誰知。用敢直陳，定能共諒。酬勞送物，往還怕領虛情；助費刻書，多少均歸實用。斯文有道，呼將伯以助予；近況不同，賴鮑叔之知我。"較鄭板橋筆單似爲蘊藉。

這個小啓，反映了張維屏晚年的生活狀況，以及他潤筆所得不入私囊而希望以此助人刻書的高尚情懷。此事未見於他書記載，亦不在張維屏的《松心文鈔》內，可見珍貴。

又如卷五述阮元識拔譚瑩一事云：

南海譚玉生學博瑩，少工駢體文，嘗爲越秀山寺僧撰精舍小記。僧粘之壁上。時阮文達公督粵，正月二十日爲公生日，厭僚屬祝嘏之煩，避之寺中。見壁上文，擊賞數四，詢僧，知其姓名。時譚方應邑事，明日公語邑令某曰："邑有譚生者，工文，君知之乎？"令謝不知。遂請問生之名。公笑曰："我非請託者，君暗中摸索可矣。"令還，閱諸童文，得學博卷，喜曰："阮公所言者，必此人也。"遂拔之冠軍。譚謁令，詢何由受知阮公。譚茫然莫測所由，漫應曰"唯唯"而已。後見山僧，乃知其故。譚之能文，公之愛士，誠藝林之佳話矣。

此事當爲倪鴻親聞，粵人未見有繼述之者，惟清末陳壽祺《郎潛紀聞》卷十四記之，但《桐陰清話》咸豐七年（1857）成書時，陳僅是個少年，且從未到過廣東，故應爲陳氏後來鈔撮《清話》內容而成的。

此外《清話》中還保存了頗多羊城故實，如：

> 廣州素無戲園，道光中有江南人史某始創慶春園，署門聯云："東山絲竹，南海衣冠。"其後怡園、錦園、慶豐、聽春諸園，相繼而起。一時裙屐笙歌，皆以華靡相尚，蓋昇平樂事也。番禺許霞橋孝廉祖光嘗招余輩賦觀劇詞，得數百首刻之。汪芙生《觀劇詩序》所云"偶求顧曲，多慘綠之少年；有客吹簫，喚小紅爲弟子。人生行樂，半在哀絲豪竹之場；我輩多情，無忘對酒當歌之日"者，足以見一時文酒風流之盛。比年以來，閭閻物力，頓不如前，游宴漸稀，諸園皆廢。自客歲羊城兵燹之餘，疇昔歌場，都已鞠爲蔓草矣。

張維屏有《慶春園》詩，句云："嶺南爲創舉向未有戲園，燕北想前游。"又《春游簡諸同人》云："昇平歌舞好亭臺慶春園、怡園，朋舊招邀日日來。"可知戲園演出的爲北劇，文人頻頻相聚其中的盛況。

又如説到廣州海幢寺內的觀音像云：

> 海幢寺內有觀音像，其像有鬚，祈嗣者往往應驗。德文莊公撫粵時，嘗往求子，遂生英煦齋相國和。後相國弟某司馬官粵東同知，相國寄題楹聯云：

"佳氣海天遥，憶當年兆協桑弧，早沐神慈垂默祐；政聲山斗在，念此日蔭承蘭錡，敢忘忠蓋紹清芬。"至今此聯猶懸殿壁。

觀音菩薩像，唐以前多表現爲男性，到唐代始改變爲女身。男觀音像在北方寺廟及石雕中時可見到，在廣州則只海幢寺有之，惟今已無存，賴《清話》得存此一段故實。

《清話》又多記文人雅聚時的詩文作品，有些是其人的詩文集中失載的。例如葉衍蘭的《浪淘沙》詞（萬頃碧玻璃闊）及其弟葉衍桂《買陂塘》詞（漾明蟾，涼波瑟瑟闊），均爲佚詞，尤其衍桂能詞而無詞集，賴此得傳一闋，亦大善事。又如張維屏之女秀端，著有《碧梧樓詩鈔》，《清話》載其佚詩《紅樓夢四題》，並及此詩引起的佳話云：

> 蒲田吳氏，粵之鹺商也，大開詩社，以《紅樓夢》事分得四題，各以七律詠之。卷以萬計，糊名易書，延番禺洪日厓孝廉應晃評閱，如鄉會試之例，取得黃星洲學博等百人。先是，番禺女史張蘭士卷已錄第一，及開榜，主人以爲女子壓卷，恐招物議，遂以黃卷易之。

秀端所賦紅樓夢事之《黛玉葬花》等四首，其《碧梧樓詩鈔》未載，得此流傳，是大好事。此外還有許多詩人佚作，或爲作者集內遺佚，或屬聲名不著者的未有刊刻流傳的作品，滄海遺珠，賴此書得見一鱗半爪，揚幽闡潛，自是功德無既。

還有作者親身經歷的事情，如在北門外發現南漢馬廿四娘地券，書中記録地券原文，反映了那時廣州的喪葬習俗。又曾到六榕寺，檢録塔頂寶珠的歷代損壞更換细节，爲古塔增添一段寶貴歷史。

《清話》還有些有趣味的内容，值得一提。如何又雄的《春秋對》、林召棠的《紅樓夢百詠》以及燈謎、妓艇楹聯等等，雖屬游戲筆墨，但讀來頗可抒悶消閒，得怡然會心之趣。隨筆本是隨事摭録，雅言深論之外，委巷瑣談亦所不棄，而這也正是這本《清話》的特色。民國《番禺縣續志》卷四十三、四十四《餘事志》，采録《清話》内容頗多，足見其所記述之受重視。

《桐陰清話》有咸豐八年刊本、同治十三年重刊本、民国扫葉山房石印本，一本嶺南筆記而能兩次重刊，可見世人對此書價值的認可。其中同治本應是據咸豐本原板間加改動刷印，故兩者文字稍有異同而大體未動。今用咸豐本點校，参用同治本，除勘正若干訛誤外，對屬於嶺南地區事物及習俗爲外人所不明的，適當加以注釋。其習見詞語及人物、地名等，均可見於辭書，翻檢不難，就無煩注釋了。

　　二〇二四年秋末黄國聲寫於康樂園中之求其有齋。

序

　　戊午之夏，雲矓避亂佛山，成《桐陰清話》八卷。松枝麈尾，招天末之友朋；筠管龍賓，作客中之儔侶。方勺羈棲而後，泊宅成編；康駢賓退之餘，劇譚著錄。時也隔江烽火，正少年投筆之時；歧路塵埃，豈我輩著書之日。頗疑孤感，少損冲襟。而迺借隙地之數弓，坐涼陰之半畝，茶瓜留客，竹素隨身，不忘一日之清歡，小紀百年之軼事。以性耽文藻，喜述篇章，以身在衡茅，不談朝市。大抵言鯖笑牒，安石之聚碎金；亦或史雋經腴，稚川之誇積玉。是則論其標格，可呼南部之新書；較以體裁，似勝東軒之雜錄矣。璥頃同旅泊，聊共刊讐。自慚舊製之叢殘，誤被故人之采掇。溝猶笑我，詎能爲猥稿之文；著述期君，定不愧帶經之裔。山陰汪璥。

卷　一

　　咸豐戊午夏月，避亂佛山。屋西有梧桐數樹，覆低
簷而接葉，傍危石以藏根。一琴可眠，三徑無暑，每當
疎雨乍歇，清風徐來，朋舊過從，輒坐其下。笑樵蘇之
不爨，設茗具以清談，經史之外，兼及藝文，莊論之餘，
間以諧謔，亦或傳前賢之軼事，述疇昔之舊聞焉。客去
夜深，苦熱不寐，輒信筆記之，平素耳目所及者，亦雜
綴其中，計得四百二十二條，聊命鈔胥編爲八卷。鄙人
學殖無似，見聞不多，茲編率意所成，都無體例。周密
齊東之語，友仁研北之書，緬彼古人，固非所及也。重
陽後三日，倪鴻自識。

　　香山黃壽廷先生增慶生于乾隆庚午，至道光庚戌錢塘
許信臣祭酒乃釗督學粵東，始補博士弟子員。咸豐辛亥欽
賜舉人。壬子授國子監司業，時已百三歲矣。某贈以楹
帖云：「四朝身歷昇平日，百歲人呼矍鑠翁。」憶童時隨

1

家嚴歸粵西，曾遇藍翁名祥者，年一百四十四歲，恩賜六品頂帶，與先生皆熙朝人瑞也。

武進湯緯堂大令大奎，雨生都督之祖也，乾隆癸卯宰鳳山縣，值林爽文之亂，與長子苟業同日遇害。道光庚寅，金陵有扶鸞者，公降壇書一詩云："伏莽無端肆虎吞，男兒此際報君恩。重圍難解蒼生苦，碧血一噴天地春。英魄有靈能殺賊，老親望眼尚依門。只餘海外迎神曲，歲歲常招父子魂。"嗣咸豐癸丑，洪秀全竄入金陵，雨生適居城中，闔門殉難。今已入祀昭忠祠，三世黃封，一家碧血，真古今罕有之奇烈矣。

銅山周璐與吳大鳴同官。周以細故去職，屢訪吳不見，題其門曰："欲重剡谿訪，橫楂暫住航。人皆分冷煖，我亦畏炎涼。不敢題凡鳥，何妨觸羝羊。侯門非是海，身已類蕭郎。"及吳見之，周已揚帆去矣。

《買愁集》載媚蘭仙子"寒氣逼人眠不得，鐘聲催月下斜廊"句，謂媚蘭仙子為宋已故宮人，緣當時灑掃故宮見之也。嘗聞鄉先輩云：福州謝古梅閣學道承為諸生時，讀書道山之神光寺，媚蘭仙子曾降其室，倡和甚多，俱散佚未見，惟於某家見紫檀木主一，長約五寸，前題"媚蘭仙子之位"六字，後有詞云："芳蕙聊充君佩，芸檀乞與兒棲，祖胸六六叩匏犀，應念雲開月霽。"閣學為林鹿原先生之甥，書法初學舅氏，娟秀流麗，刻畫精緻，洵當年閣祀也。

南城曾賓谷中丞燠讀陶淵明詩有句云："其詩高且純，可謂淵而明。"海州朱古愚理問照登平山堂有句云："看山不喜平，茲山平亦好。"一以陶公名字作贊歎，一以平山名字作議論，俱得未曾有。

奏疏中有足發噱者。康熙時左都王熙疏禁女子纏足，首云"爲臣妻先放大腳事"，又江淮間某御史疏陳水患，內云"臣鄉居下流之下流"，人皆傳以爲笑。

弄麞伏獵，誤者不少。錢塘厲樊榭徵君鶚著有《樊榭山房詩集》，楚中有刻其詩者，姓旁誤增力字，厲作詩戲之云："展卷風前睡眼醒，何人未辨六書形。蕭生有系知非鄭，溫尉如存笑帶令。旅食欲添雙鬢白，鄉書祇說兩峰青。多年不得詩書力，早晚烟波買釣舲。"又雲夢許秋巖尚書兆椿改漕督時，道出長沙，善化宰某將陞武岡牧，置辦儀仗，於官銜牌誤書漕作糟，許作詩調之云："平生不作醉鄉侯，況復星馳速置郵。豈有尚書兼麴部，漫勞明府續糟邱。讀書字要分魚豕，過客風原異馬牛。聞說頭銜已陞轉，武岡可是五缸州。"又嘉善黃霽青太守安濤，有同年某投札，誤書黃爲王，黃作詩答之云："江夏瑯琊未結盟，廿頭三畫最分明。他家自接周吳鄭，敝

姓曾連顧孟平。須向九秋尋菊有，莫從四月問瓜生。右
軍若把涪翁換，孤負籠鵝道士情。”三者皆可爲詞壇
話柄。

余先世家浙江之會稽，高祖栖園公游廣西，遂占籍
桂林。予侍家大人游廣東最久，不惟未還會稽，即桂林
亦不常至。計三十歲以來，居廣州時爲多，幾有視同故
鄉之意。余友山陰汪芙生琭嘗游惠州，一日將還省門，
語人曰：“吾將歸。”或曰：“廣州非君故鄉，何云歸
也？”芙生因成絕句云：“休疑建德非吾土，且認并州作
故鄉。珠海花田好風景，不愁無地着詩囊。”蓋芙生亦久
客廣州者，故有此語。讀之先得我心。

雙蝶亭，龍勝別駕金某建。龍勝地多瘴，金妻妾相
繼疾殁。嗣金度丁嶺，日色亭午，輿從休息，金小憩石
上泛茶，念將昪二棧出，頃有雙蝶翩翩下集肩上，私祝
曰：“若非我妻若妾乎？果爾，共我團飲。”蝶飛下飲，
交繞指間，良久始去。以是作雙蝶亭于署中。後數十年，
幕賓某止亭之右，雨夜常聞吟曰：“茫茫宦海瘴雲昏，憔
悴天涯雙蝶魂。一片夕陽衰草裏，誰傳消息到王孫。”魂
化韓憑，鬼歌子夜，亦異聞矣。

華亭王侍御九齡有句云：“世間何物催人老，半是雞
聲半馬蹄。”海州李茂才棣仿其意有句云：“怪道詩人容

易老，送春纔過又悲秋。”可謂精於脱化。

子張問善人之道，子曰：“不踐迹，亦不入於室。”元和陳厚甫觀察鍾麟曰：“此是反辭，明善人之道當踐迹也。善人之質雖美，亦必循古聖賢之迹，乃能入於室。如不踐迹，亦不能入於室。言質美之不可恃也。”其説頗得，似勝舊注。

嘗見塾門一聯云：“怠慢先生，天誅地滅；誤人子弟，男盜女娼。”不知爲何人手筆。後閲《池上草堂筆記》，始知爲年大將軍①所撰。余謂此聯句語既屬鄙俚，且上一語延師者言之可也，下一語非延師者所當言也。言之是以市儈之法待先生矣。此亦年不學無術之一端也。

蕭山朱某取唐崔元徽遇花神事作《護花記》傳奇，既脱稿，以呈會稽王笠舫大令衍梅。時王方飲曲中。曲中先有女録事②與某生暱，欲歸之，將備明珠之聘矣。儈父某忮之，以他事誣録事，逮之官。迨事白釋歸，已蕉萃無色。某生聞官事，懼牽涉，先期他去。女無所歸，乃適一市賈。王聞其事，方喟然太息，適見斯記，遂題詞

---

① 年大將軍，清定西將軍年羹堯。聯見於陳康祺《郎潛紀聞四筆》卷八。

② 録事，妓女之別稱。

其端云："請斟碧鑿落，高酌紅氍毹。攝四大之毫光，圓成菩薩；放千花之魂魄，散作神仙。誰其主者，芙蓉城；何以報之，錦繡段。於是一聲檀板，三疊霓裳，邯鄲竺歎爲天人，崑崙奴捐其故技。陳宮金鳳，步搖朱雀之窗；契國銀貂，膜拜青獅之座。風動旛動，是仁心動；花香水香，聞功德香。則有百越先賢，四明狂客，按崔徽之軼事，摹李委之新腔。偶喚茶茶，偏逢醋醋。綠衣象簡，當場貌出參軍；紅袖烏絲，入室尊爲都講。掌上築宜春之苑，髻端開護世之城。雪月佳哉，人琴往矣。愛傳玉斧，載檢珠囊。集六字於蓮經，付瓣香於菊部。嗟乎，金花潭上，孟婆之沉璧無靈；繡襪坡前，肥婢之墜釵可惜。屧廊香徑，誰招西子之魂；月地雲階，終負東昏之約。玉谿生十三事，宛有甚於曬禪；龔使者五百金，責尠償乎賽板。加以諸郎年少，帳下無兒，魔母道高，被中有蠱。蕭伯梁瓜州醉殺，情種遂亡；楊狀元胡粉妝成，妖鬟競侮。歧亭捉鼻，恨桓子之聲雌；別館纏頭，笑洛姬之肚大。僕也含香廣殿，曾捧紅靴，選舞叢臺，攢遺白氈。攀桃花而思崔護，指松樹以傲封彝。誦微波罄繡之詞，卿真擊節；唱老鐵花游之曲，我替吹簫。從教綠黛千升，遍描蝴蝶；安得紅羅萬疋，普蓋鴛鴦。"

金華葉惟一太守新署嘉州時，有會稽錢生者流落其地。一日具牒乞侜助，詞頗哀豔動人。葉猝無以應，判一絕於後，還之云："兩年宦轍等飄蓬，賺得清名是屢空。慚愧途窮步兵尉，不堪持贈袖間風。”以五馬之尊而不能庇一寒士，余未敢信也。

仁和龔定盦舍人<small>自珍</small>嘗得漢鳳紐白玉印，文曰“倢仔^①妾趙”。龔喜極，賦詩有“自誇奇福至，端不換公卿”之句，并擬構寶燕閣以居之。可謂好事。

國朝小説家談狐説鬼之書，以淄川蒲留仙<small>松齡</small>《聊齋志異》爲第一。聞其書初成，就正於王漁洋。王欲以百千市其稿，蒲堅不與。因加評隲而還之，并書後一絶云：“姑妄言之妄聽之，豆棚瓜架雨如絲。料應厭作人間語，愛聽秋墳鬼唱時。”余謂得狐爲妻，得鬼爲友，亦事之韻者。

“爾無文字當安命，我有兒孫要讀書”，此汪棟園<small>薇</small>督學福建時榜於學署者。後有學使與汪同姓，其夫人素以才女自命，頗干預考事。學使不能制。或譏之云：“當日棟園鎮不如，遥遥華胄百年餘。傷心一語君須記，我有兒孫要讀書。”由是稍戢。

“裊晴絲，吹來閑庭院”，湯玉茗《牡丹亭》曲語。

---

① 倢仔，漢代宫中女官名，此指趙飛燕。趙飛燕是成陽侯之女，被召入宫，封倢仔。

近某詠游絲有句云："誰家柳絮閑庭院，風軟吹來寸寸愁。"或譏其用《牡丹亭》曲中字。余謂游絲詩用《牡丹亭》亦不妨，因詩與題相稱也。漁洋"十日雨絲風片裏，濃春烟景似殘秋"，又何嘗不用《牡丹亭》耶。

無錫秦留仙太史松齡應制賦白鶴句云："高鳴常向月，善舞不迎人。"品行可想。遂寧張南華詹事鵬翀應制賦湯圓句云："甘白俱能受，升沈總不驚。"度量可想。番禺莊滋圃協揆有恭應制賦春蠶句云："經綸猶有待，吐屬已非凡。"抱負可想。

崑山徐朗齋大令鑅慶爲健菴司寇裔孫，嘗赴鄉試，因宿妓家，三場誤點未入。主司以其文爲元，求策不得，乃刊其文於解元之前，不刊名而刊坐號，曰麗六。① 徐有句云："虛名麗六流傳遍，下第江南第一人。"後雖復中，已非元矣。歸安楊拙園明經知新贈句云："代稱輦下無雙士，我羨江南第一人。"謂此。

朱子曰："羅池神，子厚②也。其碑石本首云：'尚書吏部侍郎、賜紫金魚袋韓愈撰，中書舍人、史館修撰、賜紫金魚袋沈傳師書。其後云：朝議郎、桂管觀察使、

---

① 麗六，考試號舍以千字文編列，麗六爲考場座號。
② 子厚，唐詩人柳宗元，字子厚。

試太常寺協律郎、上柱國陳曾篆額，長慶元年正月十一日桂管都防禦先鋒兵馬使、朝散大夫、試左衛長史孫季雄建立。'"歐陽《集古錄》羅池碑後題云："長慶元年正月建，按《穆宗實錄》，長慶二年二月傳師爲中書舍人、史館修撰，九月愈遷吏部當是長慶二年，則二君官正與此碑同，其書元年正月，蓋傳模者誤。"余謂如作長慶二年，則正月仍有誤，若以爲三年，則與《穆宗實錄》韓、沈遷官之期年月皆合。元字當是三字之誤。林西仲輯《昌黎年譜》，以此文列於長慶三年，確有所見。

《雨村詩話》載：京師各官住宅，每歲首大門春聯皆書前人"聖恩天廣大，文治日光華"二句，翰詹、科道、六部、九卿皆然。丹徒王夢樓先生獨不用，以己名文治故也。同館者遂呼夢樓誥君①爲光華夫人。按隨園②人稱爲廣大教主，蓋以香山③比之也。光華夫人正不可無廣大教主爲之作對。

嘗見某家牓其門曰"老驥伏櫪，流鶯比鄰"，蓋左爲馬房，右爲妓院，故云。集句之工，真天造地設。

---

① 誥君，即封君、婦人因夫爲官而受誥封者。
② 隨園，即清詩人袁枚，築園於南京小倉山下，名隨園。世稱隨園先生。
③ 香山，指唐詩人白居易，自稱香山居士。

桂林魏某有蚰蜓耳橘皮班小銅鑪，篆文曰"永寶用"，亦不甚工整。魏自作記稱爲無量壽佛鑪，定價三萬六千兩，索人題詠，裝成巨册。黃耦賓明府嘗題云："三萬行有窮，人生非金石。百年三萬六千朝，侈鑪之算非鑪值。"魏不樂去之。武緣令吉彦英，渭崖先生猶子也，題云："鑪乎知歷幾滄桑，不是周兮不是商。三萬六千猶覺少，再添萬萬有何妨。"魏大悦，人之不可正諫如是夫。

李忠毅公①《除夕寄内》詩："六年五度未歸家"，吴石華學博《七夕寄内》詞："九回今夕在天涯"，語相似而各妙，旅人不堪誦此。

番禺孟蒲生孝廉鴻光，雅好觀劇，無日不在梨園菊部中。有優人某乃先爲淨後改業爲旦者，孟悦之，填《滿江紅》詞云："猶記可兒，十三四、丫頭花面。撲堆着、可憎模樣，儘人留戀。顏色已嫌脂粉浣，鬚髯忒看春光賤。想畫眉、張敞太粗豪，塗抹遍。　觀音像，從今現。夜叉②相，休重變。算一身兩橛，陰陽交戰。始歎英雄心易改，都因兒女情難斷。對妝臺、試問兔雌雄，誰能

---

① 李忠毅公，李長庚，字超人，福建同安人。乾隆間武進士。官浙江提督。以剿海盜蔡牽時中砲死，謚忠毅。

② 叉，原作"义"，據文意改。

辨。”詼諧妙絕，可謂雅謔。

冰冰，會稽虞氏女也，以不閑爲父母所逼，遂自縊。後在舅氏家降乩，有絕句三十首，如“非關錯信文君事，自悔當初讀漢書”，又“馬嵬坡下黃泉路，領袖風流楊太真”，其真死而不悟歟？抑飛卿所云“拗蓮作寸絲難斷”也。①

嘗聞梅花觀題壁詩云：“紅帽哼兮黑帽呵，風流太守看梅花。梅花忽地開言道，小的梅花接老爺。”詩雖鄙俚，但張蓋游山、松下喝道之輩，宜有此嘲。

蕭縣顧椒枰者，工詩，隱於逆旅，常自刲芻秣，伺過客乞留詩，欲陰以物色天下士也。龔定龕舍人有詩贈云：“詩人蕭縣顧十五，馬後談詩世罕聞。如此深心如此法，奈何長作故將軍。”顧嘗任武職，故末句及之。

趙甌北長洪北江二十年，趙嘗戲謂洪曰：“君他日當爲吾作墓誌。”洪曰：“如此則先生當早逝，待吾下筆。”趙笑曰：“遲余死正以延君壽，反相促耶！”後洪果先卒。諺所謂口頭讖者，果有之耶？

---

① 唐代詩人溫庭筠《達摩支曲》中句。

快風閣在廣州北門外，四面虛敞，所見無非邱隴，上有楹帖云：「引我舒懷山遠近，催人行樂塚高低。」不知何人手筆。余每歎其超妙，後閱《傳家寶集》，始知爲揚州石天基成金所撰。彼蓋書其語也，然景色恰合矣。

先大父三橋公嘗往地藏菴，路經教場，偶得句云：「西風原上吹衰草」，久未屬對。後在沙灣署廨，右爲謝氏宗祠，相間惟一夾道，素不通人跡。秋深月冷，獨宿不成寐，起步廊下，聞夾道中似有人行聲，亦不置意。忽憶西風句，思以眼前景對之。沈吟未就，夾道中忽吟曰「秋月墻頭冷薜蘿」，亟覓梯視之，杳無人跡。

番禺張南山師維屏，晚年人以詩文求評閱者，目不暇給，意甚苦之，因戲爲小啓云：「桑榆景暮，蒲柳身衰，愧賤子之虛名，承諸公之過信。不論遠近屬閱詩文，或請分以去留，或請指其得失，或請作元宴之序，或請爲鍾嶸之評，以篇章計，合之不下數千，以卷帙言，積之常高數尺。一年三百日，日日不閒。一日十二時，時時不了。自備資斧，爲衆人校書，自舍田疇，爲他家力穡。花偏有信，來催宛似催租；瓜已及期，問討竟如討債。斯緣甚雅，此苦誰知。用敢直陳，定能共諒。酬勞送物，往還怕領虛情；助費刻書，多少均歸實用。斯文有道，呼將伯以助予；近況不同，賴鮑叔之知我。」較鄭板橋筆單似爲蘊藉。

"羽毛合向籠中整，頻誦金剛了宿因"，朱越亭文學詠鸚鵡句也。"怪渠慣傍橫塘宿，紅藕花開也並頭"，陳朗山孝廉詠鴛鴦句也。余謂鸚鵡乃鳥中之有才者，鴛鴦乃鳥中之有情者。

詠游絲詩頗多佳者，如姚芬云："似嫌飛絮霑泥易，却傍長空作上游"，美之也。又某云："憐他自己無棲息，猶自頻牽落溷花"，惜之也。又潘恕云："人前故作娉婷態，飛上雲端學步虛"，諷之也。用意不同，各有其妙。

廣州九曜坊華陀廟，其楹帖云："愧當代以醫名，未能與姦雄破腹穿胸，把他心腸易換；慨沈疴非藥治，願各從平日修身積善，默邀神鬼扶持。"相傳爲元化乩筆。

山陰方靜園先生秉仁，心田姑丈之尊甫也。家有絲竹園亭之勝。一日設宴紫藤池館，會者數十人。時張南山師年方十三，於座中爲最少，適白蓮盛開，援筆賦《浣溪紗》詞，有"銀塘風定玉生香"句。翁歡曰："此子清才，他日必以文章名。"遂字以幼女。且擬構亭池上，顏曰"玉香"，亦韻事也。翁之愛士，師之多才，至今人並稱焉。

彭城姚某與錢某善，錢素輕佻，姚屢規之，不納。一日，錢詠秋柳詩，屬姚和。姚末句云："獨有顛狂仍未改，向人猶自舞纖腰。"錢結習爲之少除。

王笠舫大令有月詩三十首。《初一》云："誰繪先天太極圖，從知色相本虛無。暗含山水留全影，氣孕乾坤小一盂。道士有方吞桂魄，美人無夢落梅鬚。夜來走漏花消息，一葉仙茅綠意蘇。"《初二》云："花塢斜陽去不回，青天約放彩雲開。仙圈空畫金錢餅，繡被還遮玉鏡臺。晚睡望穿千里目，相思暗結一絲胎。百花生日諸仙降，何事姮娥未肯來。"《初三》云："香案新排午捲簾，玉妃一捻指痕纖。眉梢情韻飛花外，妝閣新愁上柳尖。風露又驚雙鬢老，光陰誰惜一分添。美人心事憑誰說，暗祝花多拜繡奩。"《初四》云："不信青天學扇飛，玉痕略比昨宵肥。茅深茅淺花豐歉，眉淡眉濃翠隱微。秋水短鋪三尺影，落霞須惜八分輝。良宵一刻千金值，望到風林露濕衣。"《初五》云："竹陰瑣碎半竿遮，嵌入峰坳略欠些。時應秋潮初潑浪，午同風信早催花。新妝梅額春方透，暗卜鸞釵數莫差。記得西廂驚夢裏，還如雲鬢玉梳斜。"《初六》云："宵娘昨夜已成仙，三寸弓鞋飛上天。十畝松陰虛四照，半牆花影過三磚。珠簾恰合雙鈎孕，玉漏纔開兩朵蓮。最是佳期當六六，綠羅紅帕裏①香眠。"《初七》云："翠奩香靄曝衣樓，嫩碧天光釀嫩秋。銀漢有波新浴兔，畫屏無睡待牽牛。誰家仙

---

① 裏，原作"裡"，據文義改。

子吹瑶笛，何處漁郎脫釣鈎。底事姮娥遮半面，想偷靈藥尚含羞。"《初八》云："柳梢誰挂箇詩瓢，花韻平分各半嬌。古佛浴殘千片錦，仙人吹冷一天簫。晶毯踢破飛紅橄，玉玦移來補斷橋。望到三更花負約，素娥奈此可憐宵。"《初九》云："昨宵新月驗刀環，何事征夫杳不還。扯滿弓弦餘半線，磨尖菱角飽雙彎。樓臺百頃水中水，風雨重陽山外山。分付四更雞莫唱，好留香影臥雲鬟。"《初十》云："綠暈紅圈過半時，莫教風雨誤佳期。意珠若許投吾輩，鏡影全非些子兒。花暗花明誰算此，情長情短試量之。影娥池上招娥影，宛似徐娘倚檻窺。"《十一》云："晚霽初占晴小徵，夕陽西下月東升。瑶臺好赴長春會，玉宇光輝不夜燈。有客昔曾分七寶，何年修得竟重稜。旬餘好景今宵起，十二闌干莫懶憑。"《十二》云："娟娟深月碧無垠，何處清歌隔浦聞。望斷巫山疑積雪，遙連秦嶺竟橫雲。五更好夢空憐妾，鎮日相思訴與君。小捲珠簾憑眺處，團圓今只欠三分。"《十三》云："月色嬌於學繡春，天街恰好試燈新。仙家畫壁飛銀彩，羅漢冰叉碾玉輪。古柏踏殘當路影，梅花吟飽倚樓人。勸他五夜休歸去，琴也相親鶴也親。"《十四》云："玉宇瓊樓高處寒，一分圓足便團圞。分明詩客前身現，始許書生正面看。幾處悲秋金屈戌，何人彈淚玉闌干。來宵縱有飛英會，飲到梅梢翠夢殘。"《十五》云："月到團圓分外明，百年能見幾長清。樓臺十二鋪瑶雪，世界三千是玉京。美滿幽香花鳥夢，悲歡離合古今情。

珊瑚如果能撐月，願把今宵好月撐。"《十六》云："水
鏡橫鋪玉案青，照人還喜好圓靈。搗成仙藥將分餅，鍊
就丹丸欲貯瓶。半榻蘭雲移竹室，一肩梅雪宿茆亭。妝
樓莫怨菱花缺，二八姮娥正妙齡。"《十七》云："也被
陽精略暗侵，青天坐對細談心。勸君更盡三杯酒，令我
稍停一曲琴。紙帳光明臨水近，花陰難到怨樓深。鴛鴦
夢散香燈罷，滿地相思何處尋。"《十八》云："夜靜無
眠聽麗譙，角聲吹破月輪高。玉容漸覺三分瘦，瑤玦空
酬一夕勞。水國天低拖素練，秋江山白壯風濤。蓮溪妙
筆真無敵，寫出清霜冷九皋。"《十九》云："雲一梳兮
玉一窩，桂香消息近如何？嬉心漸覺老來嬾，花影不如
前夜多。游子那看長道路，清光還是好山河。玉關金谷
愁無奈，莫唱蘇家水調歌。"《二十》云："繁星漸隱碧
天空，錦瑟涼生竹院風。聽漏却纔敲二鼓，彈箏剛罷唱
三紅。乍從梅上移蘭上，逼入烟中落翠中。到得兩旬仙
法巧，果然縮小廣寒宮。"《二十一》云："慘澹群山入
睡濃，忽然雲雨歛巫峰。三更行路苦聞雁，半夜有聲誰
打鐘。剪紙仙方看預試，浴蘭天氣又重逢。花陰亭午天
將亮，警露無聲鶴夢慵。"《二十二》云："投入弓囊一
線虛，金波吞慣不驚魚。春愁喚起憐花嬾，香夢驅來繞
柳疎。棋子敲殘沈醉後，老梅栽罷小吟餘。試看階石投
籤處，圭影纔交亥字初。"《二十三》云："菱花半面欲
投懷，賺得佳人誤下階。黑夜有燈紅酒店，青天無雪白
雲齋。撥殘香篆頻添字，凍老花魂不上釵。鷄唱欲闌聞

井汲，葵陰剛直立梅嶉①。"《二十四》云："淺水平沙冷馬蹄，黑天懸片亮玻璃。樓臺明處是霞北，歌吹聽來在竹西。柳葉退時淩葉翠，蓮花生日桂花低。最宜廿四紅橋畔，醉把琼瑶醉一溪。"《二十五》云："四更殘月吐山坳，露濯清輝冷鶴巢。老馬嬾牽疏柳影，遠鐘忙起落花梢。簾明兩炷鑪香盡，夢醒三番戍柝敲。破曉一竿紅日上，半天纖影淡相交。"《二十六》云："沈沈夜氣静風幢，四鼓敲殘月上窗。仙掌孤檠寒玉宇，梅花冷淡照銀缸。鷄催客早忙鳴店，馬怯霜嚴懶渡矼。怪煞饑烏棲未穩②，怕他星彈打雙雙。"《二十七》云："織完雲錦臥天孫，飛出金梳落繡墩。一片冰心凉蝶夢，五更霜影怯花魂。蘆灘雁落明沙跡，楓樹烏啼染淚痕。莫怨壓膌香雨重，桂花枯渴想培根。"《二十八》云："女貞林黑月無光，何處蓬蓬花暗香。趲着曉星微有色，孤行碧落願隨陽。鴛鴦少夢憐吾短，翡翠多情祝壽長。後會有期休怨別，告卿漫漫且凝妝。"《二十九》云："追偷靈藥欲搜嚴，驚得嫦娥掩鏡奩。銀魄菊爲留小照，金錢松已挂空銜。錯疑碧落將雲裹，誰把珠偷挽石嵌。却憶青蓮當此夕，揚江詩伯走登帆。"《三十》云："依然太素積陰含，空憶禪心印碧潭。即此韶華成夢幻，從知天地枉包

---

①　**嶉**，詩用九佳韻，但韻書無此字。疑或爲"崔"，然此乃十灰韻，又涉出韻之嫌，疑莫能明。姑識之待考。

②　咸豐本"棲"字原缺，今按同治十三年版補。

涵。輪迴幾轉百年了，酒入歡場一石酣。願上蕊珠宮裏望，天香花事好重探。”按此詩《綠雪堂集》不載，或偶佚之，或傅昧琴_桐訂集時刪去，亦未可知。

羊城瞽者湯九，能唱崑腔、梆子、摸魚①、解心②等歌，尤擅琵琶，宴客者常邀之爲歡場之助。張南山師嘗有詩贈之，句云：“莫道琵琶是枯木，四條弦見古人心。”湯刻於琵琶之背，逢人輒誇示之。

“有書俗可醫”，海州許東田少尹_蓮句也。“書能醫俗須多讀”，海州陳春泉司馬_瑜句也。犯此病者，宜三復斯言。

相傳吳梅村偶過某公，值某方作《孟子》講義，至孟子將朝王章，擱筆未能下，面有怒容。吳戲之云：“夫

---

① 摸魚，又名木魚歌，是用廣州方言說唱的民間文學形式，曾盛行於珠江三角洲一帶。唱詞基本爲七字句，內容多取自歷史故事或民間傳說，有刊本流傳。

② 解心，即粵謳別名，是清代流行於粵語地區的歌曲，創自詩人招子庸。招氏少時縱情於珠江上的風月場所，深悉妓女們的生活情狀，故所作粵謳大多寫她們的不幸並爲之呼顲。因歌詞凄婉動人，故傳誦一時，後來更衍生不少仿作。鄭振鐸的《中國俗文學史》評價粵謳時說：“好語如珠，即不懂粵語者讀之，也爲之神移。擬《粵謳》而作的詩篇，在廣東各日報上竟時時有之，幾乎沒有一個廣東人不會哼幾句粵謳的，其勢力是那末的大。”

子若有不豫色焉。”某遽應之曰："先生何爲出此言也。"時以爲《四書》巧對。又聞友人述某省科試詩題爲"循名責實"，某生於律中叠用兩聯云："死矣盆成括，孝哉閔子騫。是爲馮婦也，無若宋人焉。"學使每舉以示人，視繆蓮仙茂才之集《四書》對尤覺流走。

番禺袁壽山上舍廷獻，嘗清明獨游郊外，於榛莽中見一碑文，曰"愛姬蠟梅之墓"，旁有八九字，苔紋斑駁，不可明辨，度其情狀，似非世遠年湮，而宿草纍纍，諒已無人上冢者矣。感而誌之。越日復攜酒脯往弔，并製輓詩二章，其序有云："六字碑文，誰是多情公子；一抔黃土，可憐薄命佳人。"又云："僕本陌路蕭郎，從來好事；卿果章臺柳妾，何處招魂"云云。夜夢一美人來謝。

上元翁星陽者，以瘍醫游羊城致富，構舍於北郭三元里，畜妻子，治田疇焉。其人通天文之學，與龍王廟羽士李青來最相投契。李撰刻《圜天圖說》，翁之贊助爲多。徐銕孫觀察贈以六言句云："獨行傳中品第，武陵源裏人家。借與閒田三畝，鋤雪自種梅花。"翁答以啓云："鄙人非能畊也，愛北郭山色，故結兹茅廬，自娛耳。"徐復戲以六言句云："山人入山厭淺，終日看山獨行。爲問四時山色，何時宜雨宜晴？"翁笑而不答。李之法徒林德澡抄存其贈答，藏於笥。

番禺杜洛川學博游，工畫法，嘗爲徐仲升爵督所賞，贈詩云：“丹青昔說李將軍，今日風流屬使君。務觀大名工部氏，寫生體物自成文。”同人遂贈以“姓隨工部著，名與放翁同”小印。嗣每畫用此爲誌。

漢軍朱經畬大令霽，宦楚十餘載，不名一錢，卒以貧死，賴同僚斂助，始得返柩。其齋自署一聯云：“才能濟變何須位，學不宜民枉有官。”又嘗自鐫印章曰：“爲時文誤。”嗚呼！今天下民牧，其不誤於時文者蓋亦罕矣！安得以朱之楹聯及印章示之。

臺俗元夕女子偷折人家花枝，謂可得佳婿，名曰“竊花”。錢塘范九池太史咸有詩云：“女郎元夜踏蒼苔，攀折青枝笑落梅。底事含羞佯不采，月明犬吠有人來。”又粵俗元夕婦女偷摘人家蔬菜，謂可宜男，名曰“采青”，花縣曾曉山照有詩云：“籬頭雨歇濕游塵，弱柳緋桃解媚人。最愛蔬中冬芥好，年年生子及青春。”二事頗韻，宜入竹枝歌詠。

千里神交，得二人焉：一江都符南樵孝廉葆森，嘗采余詩刻入《國朝正雅集》。一臨川李小葦上舍宗瀛，嘗寄詩題余《珠海夜游圖》，其詩云：“珠江月出鮫人珠，倒影白玉槃中孤。中流海珠石一點，潮去潮來石不轉。自從有月有此江，今古游人磨牛踐。雲林孫子誰與儔，畫禪詩聖傾名流。龍涎不向戲艇爇，虹氣還從滄海浮。木蘭之枻沙棠舟，四時甘㲹船兩頭。華燈的爍明星稠，醉倚鐵笛驚潛蟉。珠娘十五未解愁，琵琶斜抱樽前撧。媱思古意摸魚謳，一笑脫與千金裘。此生此夜省見不，朝來異事驚炎洲，昨夜雲璈彩鷖神仙游。即今五嶺欃槍吐，萬室瘡痍換歌舞。越王臺下瞅餘艎，廣利祠前擊銅鼓。倪生倪生君記取，承平盛事難追數。好採春江花月詞，譜入穗城新樂府。”二君余未一晤而見重如此，恨不得遇其人而上下千古也。

古人圖章皆以金玉鑄刻，元末王冕始以昌化花乳石鐫刻名印，海內風之，而壽山、滇黃、魚凍、雀腦諸奇石遂爲藝林上珍焉。嘗於臨川李芸甫水部秉綬家見其雞血紅凍石印一方，廣可二寸，高三寸半，庫平衡之，重六兩七錢零，晶瑩如火齊，某爲刻“秀寫方壺”四小篆。水部不輕示人，作畫到得意幅，始鈐印之。

番禺謝氏喜扶鸞，嘗於得月樓延蘇小小降壇，凡七度，得古今體集句詩七十三首，刊之名曰“西泠仙韻”。其降壇詩云：“種却清花事事無，洞門閒日教奚奴。月樓大雅如相問，妾本錢塘舊姓蘇。”按蘇小小有二人，皆錢塘名娟，一南齊人，人所共知也；一宋人，見《武林紀事》。

卷　二

粤東科甲，二百年來狀元、探花各得二人，惟無榜眼，俗謂廣東未曾開眼。道光庚戌，番禺許叔文_{其光}以第二人及第，泥金到門，其家署一聯云："藥榜開新眼，金鰲亞狀頭。"語雖無奇，亦足以應謠諺也。

露筋祠詩，五言余最愛會稽許幼文茂才_{尚質}"荷花開自落，秋水淨無泥"，七言最愛順德蔡春帆太史_{錦泉}"白水至今猶一色，綠楊到此不三眠"。皆爲貞女寫照，意在離即間，可與阮亭一絕爭勝。

廣州城內禪寺以光孝爲最古。香山黃月山_{照文}，香石①師仲子也。嘗讀書其中，一夕，見一女子至，自云與

---

① 香石，清詩人黃培芳，字子實，號香石，廣東香山人。副貢生，官肇慶府學訓導，著有《嶺南樓詩鈔》。

有仙緣，意若繾綣者。翼日而體億甚，乃告其妹曰："吾當以某日去。"一日晝寢，久弗興，家人視之，則端臥逝矣。年僅十八，啓衣得詩云："上帝徵書詔，丹成拜使還。一從乘鶴去，何日到人間。淡蕩真吾輩，塵勞有幾閒。烟波江上別，縹緲入蓬山。"事亦奇矣。彼女子者，其仙耶？抑狐耶鬼耶？

番禺李碧谿孝廉_{能定}納一姬，與昔年游惠山時邂逅者神態酷肖，因繪圖，遍索題詠。鐵嶺陳朗山孝廉_{良玉}填《蕙蘭芳引》一闋云："雙槳趁潮，喚桃葉、夕陽芳渡。乍却扇低迷，驚眼舊游重數。雲廊水院，似相見、那時何處。記品泉第二，一樣翠奩眉嫵。　解語花枝，芙蓉肌肉，鸞髮應妒。恰未老韋郎，前夢玉簫知否。鈿釵詩句，定情早賦。春晝長，凭檻對調鸚鵡。"真韻事也。

番禺張小蓬司馬_{祥泰}出宰黃梅時，下車觀風，以黃梅竹枝詞命題，中一生有句云："贏得兒童齊拍掌，好官還有子孫來。"司馬大悅，定爲壓卷。司馬爲南山①師令嗣，父子先後鳴琴一邑，亦近今所少。

伊犁初一日見新月，見《北江詩話》。都中初二日見

---

① 南山，清詩人張維屏，字子樹，號南山，廣東番禺人。進士。曾官湖北黃梅縣知縣。著有《松心詩集》。

新月，見《夙好齋詩》注。

國初有葉初春者，作令粵東，所到掊克，路人側目。時元夕民間放花燈，其棚署一聯云：“霜降遭風，四野難容老葉；元宵遇雨，萬民皆怨初春。”番禺陶蓉生茂才_華爲余述。

朱弁《曲洧舊聞》云：“國子監無名氏題元祐黨籍碑曰‘千佛名經’。”按：碑一在桂林龍隱巖者，有王化臣名，共三百十人。一在融縣者，無王化臣名，共三百九人。豈當日傳訛耶？抑後人附會耶？存之以備參考。

嘗於敝篋中檢得排律詩二章，其《百美詩》云：聲價昆明紙_{上官婉兒}，恩波太液泉_{楊太真}。綠珠空墜粉_{綠珠}，紫玉已成烟_{紫玉}。塞外三千里_{王昭君}，樓中十二年_{關盼盼}。娥眉偏淡掃_{虢國夫人}，獺髓喜新填_{鄧夫人}。句落風前絮_{謝道韞}，才抽錦上璇_{蘇若蘭}。唾壺凝血淚_{薛夜來}，茗椀覷芸編_{李易安}。曾侍司空席_{杜韋娘}，叨倍學士筵_{秦若蘭}。紅芙雙寶帳_{輕鳳、飛鸞}，白玉兩于闐_{甘夫人}。買得長門賦_{陳后亞嬌}，裁成小樣牋_{薛濤}。楚宮羞楚語_{息夫人}，秦國媚秦川_{秦國夫人}。閑麗粧梅額_{壽陽公主}，承恩啓玉拳_{鈎弋夫人}。菱花懷內合_{樂昌公主}，桃葉渡頭嬪_{王獻之妾}。膽落吹簁婢_{朝雲}，魂消入塞轓_{蔡文姬}。梅精賜姓好_{江采蘋}，花女傍輿妍_{袁寶兒}。巧樣稱三絕_{吳夫人}，芳名按四絃_{鮑四娘}。釵頭羞賣玉_{霍小玉}，裙褶號留仙趙飛燕。蘭蕙樓中鑠蘭英、蘭蕙，蘅蕪夢裏牽李夫人。西明私識李紅拂，北魏夜窺田紅線。松柏同心結蘇小小，梧桐一葉翩任氏。笑情齲齒媚孫壽妻，詩思斷腸煎朱淑真。隔世環疑見姜玉簫，雙文韻自聯崔鶯鶯。美人甘死項虞姬，侍妾願隨遷隋清娛。綠綺琴消恨卓文君，藍橋驛有緣雲英。長條應剪矣柳氏，寸跡似弓然宿娘。彩鳳輕飛玉秦弄玉，霧蛇巧助甄甄后。歌聲雙淚落孟才人，舞態百花旋麗娟。姊妹東吳勝二喬，男兒西蜀賢黃崇嘏。亂流愁躑躅麗玉，五馬怪遷延羅敷。城築夫人寨韓氏、朱序母，軍操娘子權平陽公主。玉香鞋襪煖徐月英，寶髻髮垂卷張麗華。春日曲江酒黃四娘，秋風團扇篇班倢伃。一絲牽舊燕姚玉京，兩鬢貼新蟬莫瓊樹。囊貯留情石張窈窕，裙盛撒帳錢荊山公主。念奴歌婉轉念奴，子夜曲纏綿子夜。舞出腰間柳小蠻，行來襪底蓮潘妃。偷飛三苑月紅綃，潛放五湖船西施。字字簪花美衛夫人，山山螺子娟合德。卿呼多屬愛王戎婦，我見亦知憐李勢女。柳葉雙眉嫵瑩娘，桃花半朵鮮姚月華。隔簾能記拍張紅紅、羅黑黑，並坐可參禪琴操。酒爲從郎索試鶯，衣緣愛客穿蘇子瓊。香分情不散賈午，魂返魄仍圓張倩娘。詩思空門老魚玄機，仙胎楚澤還杜蘭香。鏡臺羞自納溫嶠妻，人面恨相搴崔護妻。春入湖中鑑劉采春，聲停江口舷潯陽妓。梅花香調發莊暗香，蓮子苦心纏舒禁。插鬢迷蜂蜨李連香，敲詩怨杜鵑花蕊夫人。吟成能割愛鏡兒，槊處欲驚眠紫雲。曲度愁都却莫愁，花藏忿亦躅杜羔妻。緣因紅葉結韓夫人，名並牡丹傳李端。其《百花詩》云：上苑櫻桃酒櫻桃，深宮玫瑰囊玫瑰。一枝春舞雪梨花，三曲醉沈香牡丹。艷度蕃釐觀八仙，飛英長嘯堂酴醾。終朝含笑語含笑，永夜合歡牀合歡。換骨君恩重李，餐英客思涼菊。凌波憐解語荷，賜錦美成章薔薇。梅閣招何遜梅，蘋州憶子昂蘋。真珠珠可絡珠蘭，罌粟粟難量罌粟。向日心常赤葵，凌寒氣欲蒼松。葡萄曾説宴葡萄，苜蓿舊騰驤苜蓿。羅剪春秋色剪秋羅，香分姊妹行十姊妹。誰能四季好月季，只爲一春忙楊。喜帶宜男草萱，羞稱多子房石榴。醒頭香雨散醒頭，染指夜琴張鳳仙。借問書空筆辛夷，何曾報曉霜雞冠。采芳舞蛺蝶金莖，墮粉浴鴛鴦睡蓮。蘭素分窗牖素蘭，藤朱上石岡朱藤。仙人歸閬苑杜鵑，勝會起維揚芍藥。刺繡花添錦石竹，登高醉舉觴茱萸。麗春春色裏麗春，鬪雪雪花傍鬪雪。詞客稱連理荳蔻，佳人惜斷腸秋海棠。龍門三月吐桐，蟾窟五枝芳桂。夜半容華謝午時，春歸消息詳楝。滇南宮粉並山茶，西蜀錦江旁蜀葵。紅蓼灘沙淺蓼，紫荆關月荒紫荆。迎春移畫檻迎春，采荇覓滄浪荇。一見應歡笑佛見笑，三生願吉祥吉祥。移舟浮太液沙棠，策馬下唐昌玉蕊。有夢尋蝴蝶蝴蝶，無詩及海棠海棠。最憐紅豆女紅豆，常對紫薇郎紫薇。高士三千頃沙羅，伊人在一方蘆。微香分赤白金銀，異卉類蒼篋絡如。繡得毬爲佩繡毬，繰成絲作緗繰絲。賽金襄漢吏金錢，度曲汝陽王木槿。性豈非垓下虞美人，名真是洛陽洛陽。曾經妃子笑荔子，不及美人粧芙蓉。聽雨愁難解丁香，觀燈夜未央上元。移來當殿紫麝囊，開處待秋黃槐。啜茗經成陸茶，采菱詩有梁菱。芳林開六出梔子，正則佩三緗春蘭。夢到廬山遠_{瑞香}，絲牽羅帶長_{兔絲}。庭堅易姓氏_{山礬}，成式老村莊_{木香}。指甲染紅雨_{指甲}，金燈歛夜光_{金燈}。玉簪簪穩重_{玉簪}，錦帶帶飄揚_{錦帶}。虢國宮中賜_{水仙}，天隨船上望_{木蘭}。長春何處嶺_{長春}，棠棣有名坊_{棠棣}。破臘枝偏瘦_{臘梅}，凌冰質自剛_{款冬}。人間推第一_{茉莉}，海内本無雙_瓊。仙隱安期去_{菖蒲}，春爲學士藏_{凌霄}。牧童遥指處_杏，漁父再難忘_桃。俱不知何人所作，恐日久遺忘，特録而存之。

　　道光中廣州有某公子新登賢書，^① 謀刻硃卷，及期未竣，以石擊破梓人之額。其人恚甚，欲興訟，乞孟蒲生孝廉^②代作控詞云：“稟爲勒刻劣墨、執石擲額、額裂血出、乞飭斥革事。”雙聲叠韻，誦之絶倒。

　　長沙耿湘門上舍_{國藩}十二歲時，張甄齋先生招集黄鶴樓開宴賦詩，耿以年少居末座，先成詩云：“跨鶴當年憶此樓，烟波渺渺思悠悠。高低紅樹迷江渚，斷續青山繞鄂州。有客憑欄裁錦字，無人横笛佐金甌。臨風縱目懷崔顥，今昔同牽一片愁。”至頸聯，合座讀之，齊爲閣筆，幾如王子安“落霞秋水”矣。

　　吕瑶峰者，豫章奇士也，顛倒於花柳中，揮金如土。

---

① 咸豐本“中”字前缺字，今按同治本補“道光”。

② “廉”字前脱一字，今據文義補。

後客吳門，卒於逆旅，兩僕竊金以逃，無殮殯者。所善秦淮妓阿春出纏頭貲厝之妝樓之側，一時爲詩以紀者甚夥。余最愛吳曉嵐孝廉句云："寄言走馬章臺客，好把黃金鑄阿春。"誰謂四條弦家無鍾情人哉！

有倪姓女自負才色，出聯句以擇婿，募能屬對者，則嫁之云："妙人兒倪家少女"，一時對者寂然。今不知究適誰何氏也。

少時讀《雞鳴》詩而疑之。夫蠅聲與雞聲絕不相似，豈有聞蠅聲而以爲雞鳴者乎。後讀番禺徐子遠灝詩說，乃釋然也。雞鳴與蠅聲當爲二事。匪、彼古字通，言彼雞則鳴，且有蒼蠅之聲矣。下章"月出之光"，當爲日字之誤，言彼東方則明，且有日出之光矣。蓋詩人戒旦，言其晏，非謂其早也。朝既盈則不得爲早，明矣。說甚精確。

喻野樵者，安義人，精堪輿術。先蘇州有人得地而難於扦穴，以乩卜之。回道人判云："姑且混葬，廿年後自有喻者。"及野樵游吳，乃爲遷定其地，計去乩卜之日，蓋二十二年矣。始知喻者，即指野樵之姓云。

今之說演義小說者，稱說書人，如柳敬亭是也。潘鴻軒茂才有《百字令》詞贈云："方言讕語，儘南朝北史，任分先後。蠻觸雌雄徒自大，枉爾紛紛爭鬪。拍案一聲，開場數語，聽者魂驚否。前情舊恨，淒涼不忍回首。　休論成敗關心，興亡過眼，都掛雌黃口。多少歡場多少淚，迥異尋常談藪。如是我聞，何干卿事，生出無中有。詼諧模樣，前身君姓應柳。”茂才名恕，番禺人。

蘇州女錄事龔韻梧，性傲岸，有客過訪，輒避之。惟與王某、謝某善，人目爲王謝堂前燕。按程奎詩“前身定是烏衣燕，不入王家入謝家”。可爲若人誦也。

閏正月古凡三見：一東晉穆帝永和六年庚戌，一後五代後唐閔帝應順元年甲午，一明代宗景泰元年庚午。又閏十二月古凡四見：一五代梁武帝中大通六年甲寅，一後五代後晉出帝開運元年甲辰，一唐元宗開元四年丙辰，一明世宗嘉靖十五年丙申。

畢秋帆尚書句云：“四年三遇旱，十室九關門。”吳曉嵐孝廉句云：“一年三作客，十夢九還家。”一寫凶年之景，一寫逆旅之情，句調皆同，不堪卒讀。

彭城戴遠山王徵，其弟桐峰服闋入都，臨別拈雲字韻賦詩，填篋叠唱，極盡友于之歡。及桐峰選官雲南，遠山復贈以詩云：“寒冬相送大河濱，首唱新詩便説雲。豈意竟成前數定，櫛風沐雨莫辭勤。"

道光壬辰少宗伯程春海^{恩澤}典試粵東，度庾嶺日，暑雨淋漓，因憩於張文獻公祠①，徘徊庭宇，遍讀聯句無當意者。偶得"相公風度想梅花"句，然艱於屬對。天明，筍籃至紅梅驛，忽笑曰："何不以本地風光對之。"急赴祠就山僧索筆硯大書云："王道蕩平通嶺表，相公風度想梅花。"山僧遂勒於祠壁，觀者莫不歎其裁對之工。

太夫人三字見杜子美詩"起居八座太夫人"，夫人二字見白樂天詩"惟有夫人笑不休"，姊姊二字見司空表聖詩"姊姊教人且抱兒"，丫頭二字見劉賓客詩"花面丫頭十三四"，當家二字見王建詩"不是當家頻向說"，妮子二字見王通叟詩"十三妮子綠窗中"，親家二字見盧綸詩"人主人臣是親家"，小姐二字見朱有燉詩"知是嬡嬡小姐來"。

詠周公瑾詩頗多佳句，就余所愛者錄之。鮑覺生侍郎云："小喬得婿稱爲快，名將呼郎古孰爭。"梁鞠泉孝廉云："姻婭君臣專閫外，夫妻人物冠江東。"張南山師

---

① 張文獻公祠，唐代賢相張九齡開鑿大庾嶺通道，大利於中原與嶺南的往來與發展。後人感其恩德，於梅嶺雲封寺內立張文獻公祠以紀念。

云：“青春南國喬初嫁，赤壁東風亮助成。”三聯堪稱
鼎足。

　　咸豐丁巳七月余游白雲山，路過下塘村，酒家出觀
石碣一方，長六寸，廣一尺，首刻符一道，後楷書共三
百三十三字，分九行。首行下行，次行上行，三行復下
行，餘數行亦然。其文曰：“維大寶五年歲次壬戌十月一
日乙酉朔，大漢國内侍省扶風郡歿故亡人馬氏二十四娘，
年登六十四，命終，魂歸后土。用錢玖萬玖阡^①玖伯玖拾
玖貫玖伯玖拾玖文玖分玖毫玖厘，於地主武夷王邊買得
左金吾街咸寧縣北石鄉石馬保菖蒲觀界地，名雲峰。嶺
下坤向地一面。上至青天，下極黄泉。東至甲乙麒麟，
南至丙丁鳳凰，西至庚辛童光，北至壬癸玉堂。陰陽和
會，動順四時，龍神守護，不逆五行，金木水火土並各
相扶。今日處劵，應合四維分付受領，百靈知見，一任
生人興功造墓。温葬亡人馬氏二十四娘萬代温居，永爲
石^②記。願買地内侍省扶風郡歿故亡人馬氏二十四娘劵^③。
賣地主神仙武夷王，賣地主神仙張堅固，知見神仙李定
度，證見領錢神仙東方朔，領錢神仙赤松子，量地神仙

---

①　原文如此，按文義疑應爲仟字。
②　石，原作“古”，於義應爲“石”，據改。
③　劵，原作“義”，於義應爲“劵”，據改。

白鶴仙，書券積是東海鯉魚仙，讀券元①是天上鸛。鸛上青天，魚入深泉。岡山樹木，各有分林。神仙若問，何處追尋。太上老君勅青詔書急急如律令。"蓋南漢地券也。

世之達官長者多自歷生净行中來，偶現慧業文人，以酬宿願。湘潭張紫峴大令九鉞，七齡時其父攜之游毘盧洞，僧異之，曰："郎君貌何類吾師之甚也"，因出句屬對，曰："心通白藕"，張應聲曰："舌湧青蓮。"僧大駭，鳴鐘聚徒膜拜，曰："先師圓寂時，留此偶句，云後有對者，即我後身。今郎君前生非吾師而何。"後張老且病，一日其子世津自外入，見其父戴僧帽飄然而去，追之不及。亟入省，張伏枕如故，惟口吟曰："擔柴運米百無能，自讀楞嚴自剪燈。夜半萬緣鐘打盡，前身南嶽一枯僧。"遂卒。可爲東坡居士後一段佳話。

蕭山張吟舫太守百揆，咸豐癸丑考廣州郡試，所命題俱按切十四縣地名，巧不可階。如考南海縣首題曰"狷者有所不爲也。子曰南人"。次題曰"若火之始然，泉之始達，苟能充之，足以保四海"。考番禺縣首題曰"所惡於左"，次題曰"我豈若處畎畝之中，由是以樂堯舜之道哉？湯三使往聘之，既而幡然改曰"。詩題曰"大方無

---

① 元，原作"亢"，據文義改。

隅"。考東莞縣首題曰"東里子産潤色之。或問子産，子曰惠人也。問子西，曰彼哉！彼哉！問管仲"。次題曰"何其聲之似我君也"。考順德縣首題曰"不信乎朋友矣，順乎親有道"，次題曰"孟子曰人之有德慧術智者"。考香山縣首題曰"載華嶽"，次題曰"由由然不忍去也"，詩題曰"窗明香岫碧雲橫"。考增城縣首題曰"曾益其所不能，人恒過"，次題曰"城門之軌"。考新會縣首題曰"察其所安，人焉廋哉？人焉廋哉？子曰温故而知新"。次題曰"視不勝猶勝也。量敵而後進，慮勝而後會"。考龍門縣首題曰"助者，藉也。龍子曰治地莫善於助"，次題曰"惟君子能由是路出入是門也"。考從化縣首題曰"從而撻之，象曰，謨蓋都君咸我績"，次題曰"有如時雨化之者"，詩題曰"三月正當三十日_{時三月晦日也}"。考三水縣首題曰"振河海"，次題曰"皜皜乎不可尚已"，詩題曰"詞源倒流三峽水"。考新寧縣首題曰"又日新，康誥曰"，次題曰"諱名_{避宣廟廟諱}"。考清遠縣首題曰"身中清，廢中權，我則異於是"，次題曰"去聖人之世，若此其未遠也"。考花縣首題曰"未可與權，唐棣之華"，次題曰"今之樂由古之樂也"。考新安縣首題曰"在親民，在止於至善。知止而後有定，定而後能靜，靜而後能安"，次題曰"見不可焉然後去之"，詩題曰"運斤成風"。考東莞、新寧、新安三客籍首題曰"於斯三者何先？"次題曰"隱几而臥，客不悦曰"。甄而録之，亦可想見其風趣焉。

　　張南山師解組①歸，遠近請閱詩文者不知凡幾。烏程
鈕西農司馬_{福疇}與師素未謀面，忽於三千里外郵詩屬序，
其啓云："後學鈕福疇頓首南山先生閣下，蓋聞洪河萬
里，牛涔不能測其深；岱宗千仞，蟻蛭不能望其峻。其
量相懸也。黎綠出櫝，俗目亦詫爲奇珍；韶武在懸，凡
耳亦知爲雅奏。其神先懾也。文章之道，何獨不然？僕
自綺歲濫厠名場，夙耳諸葛之名，未識荆州之面。雨生
湯丈之都督吳興也，藻詠湖山，品衡人物，盛道閣下幼
標英儁，長多撰述，抉馬、鄭之精奧，揚屈、宋之芬芳。
出示畫圖，獲觀鉅製，識鳳片羽，窺豹一班，往來於懷，
歷有年所。及讀楊丈《拙園子歌》，出入風雅，擺脫凡
近，落落自遠，飄飄不群，相其體裁，則發源乎太白，
論其豪爽，則得力於昌黎，洵足獨步粤東而蜚聲海內矣。
又聞閣下早通仕籍，屢著循聲，邁錢塘一葉之清，擅潁
川四長之目。一夫得澤，千室鳴弦，例之昔賢，亮均斯
美。方膺上考，洊歷升階，乃平子念切耕桑，泉明思牽
松菊，投印釋紱，辭榮遂初。成式博學，雖宦游亦著書；
景濂致仕，乃閉門而纂述。況嶺南山川雄麗，風物喧妍，
挹珠江之烟瀾，拾花田之晴馥，尤足暢其吟懷，發爲高
唱。昔梁與陳、屈，鼎崎乎一時，今君及譚、黃，名齊
乎前哲。雖流別之各殊，實後先之同揆。又聞閣下名譽
日高，門墻匪峻，蕭穎士推引後進，郭林宗奬借人才，

────────────

　　①　解組，即解綬，去除官職。

賞絕妙之詞，則摘其章句，倣人物之志，則詳其里居，以故名山崔、蔡，玉堂淵、雲，靡不仰春風之座，待月旦之評。蓋爨下琴材，匪蔡邕而莫識；豐城劍氣，遇張華而始彰故也。僕苫上庸才，浙西下士，桃花流水，志和本是釣徒；烟波畫橋，魯望曾爲寓客。猥以一介，出宰群舒，風塵之面，未老而已皺；翰墨之手，不凍而自皲。惟是結習難忘，名心尚競，每當搴帷問俗，拄筇看山，訪梅尉之居，則蹤留泉石；入文翁之里，則聲盡弦歌。憶大阮於滇南，栽花滿縣；夢阿連於天下，起草挑燈。雜然興懷，率爾成詠，自忘譾陋，爰付開雕。第念道衡爲文，曾指摘於師古；王儉下筆，待點定於彥升。僕雖一官拘守，難訪境外之交；而千里相思，時尋夢中之路。用敢獻璞鄭氏，布鼓雷門，效東施之矉，衒媒母之嫁也。方今淑景媚川，春華縟野，佇想林泉多暇，餐衛適時，脫能憫其苦心，錫之弁首，則經干鏌之拂拭，而青萍長價；受良樂之控御，而飛黃呈材。幸甚，幸甚。敬呈近作，就正吟壇。三千里文字之緣，欵唾定飛於天末；二十載腹心之願，姓名或掛於集中。下筆神馳，伏惟矜譽。不宣。”書中推崇甚至，非師曷克當此。

湯玉茗《牡丹亭》曲所謂杜麗娘者，聞其墳現在南安郡署之後。方靜園先生嘗至其墓，有詩弔云：“從來兒女慣多情，夢本無憑恨竟生。不是春容和淚寫，更誰紙上喚卿卿。”“湖山石畔牡丹亭，芳址烟籠草自青。地下傷春頭白否？於今梅柳總凋零。"按麗娘本無其人，觀臨川自序可見。即就曲中本事而論，亦不當有墳在南安。後人好事，遂多附會耳，然是好題目也。

平湖錢稚農明經士馨初游金陵，昵一妓，欲挾之歸。妓曰："以君之才，妾侍箕帚，宜也。但觀君談論間，尚恨讀書少耳。他日請相從也。"錢恥之，遂發憤於經史之學，卒成通儒。此妓一激之力，殊不可少。

東莞張小香少尹建棠，家有青衣小名梅花，矢志不嫁。少尹賦詩贈之，有"梅花洵是清高品，除却林逋不嫁人"句。千古祇一林逋，除林逋不嫁，梅花惟空山終老耳。

縐雲石乃吳將軍六奇贈查孝廉繼佐①者，事詳諸家紀載。查歿，石歸於顧，今又歸於馬氏。主人繪圖徵詩，東南之士斐然有作，余尤愛武進趙味辛司馬懷玉《買陂塘》一闋云："問誰能、拔山超海，巧從萬里移置。英雄舉動原殊俗，何況感恩知己。峰丈二，但抵得、尋常投報瓊瑤耳。試追往事，是大帥筵開，孝廉船到，錫以縐雲字。　根頻徙，新主更番換幾。如今仍屬名士，分明

---

① 繼佐，原作"繼培"，據鈕琇《觚賸》卷七"雪遘"條及乾隆《海寧縣志》卷八改。

羅綺平難熨，石也儼然雲矣。尤可喜，喜畫卷，詩篇與石長留世。風流相繼，縱彭澤曾眠，襄陽欲拜，未許等閒擬。”

　　博羅韓珠船侍御_{榮光}，嘗賦黑牡丹詩八首云：“玉漏沉沉夜未央，遥聞青瑣散天香。錦屏十二開雲母，香國三千擁墨王。霧氣曉迷鶺鴒觀，御烟濃染衮龍裳。一簾花影春陰駐，不事通明奏綠章。”“草就清平筆未乾，筆花開向玉欄杆。爲留翰墨因緣在，莫作雲烟富貴觀。知白何妨甘守黑，純青誰道不成丹。瑶臺月下相逢處，願得君王刮目看。”“沈香亭北霧霏霏，重過華清了夕暉。虢國朝天工淺黛，太真入道悟元機。霓裳曲散邊烽起，鈿盒塵封舊誓非。南内無人雲壓檻，不勝惆悵想仙衣。”“含情獨自倚黄昏，疑是亭亭倩女魂。雨過淡雲籠月影，日烘香玉長烟痕。鸝鷞杓小傾春釀，蝴蝶叢深認漆園。聞説繁華金谷地，至今猶有劫灰存。”“盧家少婦出青樓，筆掃雙眉漆點眸。薄霧春衫裁燕尾，凌波羅襪着鴉頭。朝雲暮雨渾如夢，淡月疏烟爲鎖愁。莫遣夜深燒燭照，朦朧春睡倚香篝。”“染就香羅製錦裾，踏春油壁軟輪車。香風迴舞同飛燕，大體橫陳笑媚豬。鵲鏡團圓當檻照，鴉鬟綠鬢捲簾梳。收將花片調松麝，遠寄朝雲一紙書。”“深閨待字恰青年，誰搗元霜了宿緣。姜女舊居原即墨，瑶姬小字稱非烟。泥中詩婢偏逢怒，鏡裏香鬟尚見憐。隔着簾櫳天樣遠，可堪春樹暮雲邊。”“江郎才調更清奇，直把花枝作筆枝。早卜黑頭當富貴，肯緣俗眼買胭脂。素衣化盡留京洛，烏帽歸來憶武夷。春水一池朝洗硯，片雲將雨又催詩。"說者謂其家有侍兒貌黑而美，丰致嫣然，韓嘗以墨牡丹呼之。此詩殆有所指歟。

道光戊子，蘇人重修滄浪亭，落成之日，有五老會。五老者，內閣中書潘三松奕雋，年八十八。掌山東道監察御史吳玉松雲，年八十一。山東按察使石琢堂韞玉，年七十二。刑部尚書韓桂舲崶，年七十一。江蘇巡撫陶雲汀澍，年五十。以齒序坐，爲賦一詩。陶有"惟時坐上人，長眉多老耄"之句。好事者遂繪爲五老圖。太平盛事，賢達風流，百世之下，定當傳爲佳話也。

仁和馬慶孫者，秋藥①太常之猶子也。襆被來粵，舟出豫章，夜泊生米潭，遂爲盜劫，行李一空。時劉蘭簃方建臬南昌，馬趨控之，所呈失單，不過書畫玩物。劉嗤之。馬作色曰："失單中有鄭板橋楹聯，先人性命寶也。務乞追償，他則唯命是聽。"劉憫其愚，檄縣嚴緝。未三日，果於貨擔間得之。其聯曰："東風作態來梳柳，細雨瞞人去潤花。"劉流連觀之，笑曰："無怪此老之斷斷也。"

---

① 秋藥，馬履泰，字秋藥，浙江錢塘人，進士，官太常寺卿。

　　京師西山無相寺，有墳名曰菩薩墳，亦曰公主墳，遼聖宗第十女墓也。小字菩薩，未嫁而死。《遼史》無傳。北方海棠少，此地始生之，自是海棠之盛，逾於江國。土人因以海棠謚主。龔定盦舍人詩云："菩薩葬龍沙，魂歸玉帝家。餘春照天地，私謚亦高華。大脚鸞文靮，明妝豹尾車。南朝人未識，拜殺斷腸花。"憑弔興亡，扢揚穠麗，詩固可傳。

　　吳縣潘篆仙茂才^{遵禮}，病盲久矣，忽然復明。計盲之日已十有五載，因賦詩以紀其事云："日月有時虧，依然圓相現。我心本光明，胡久居黑暗。或者次公狂，致爲造物厭。蚩蚩賓客來，意倦輒揮扇。螢螢青蠅飛，忿極每拔劍。選色必索瘢，掩目少顧盼。論文好吹毛，決訾多譏訕。意氣強自矜，神怒漸盈貫。置我寂寞海，使我早自懺。悠悠十五年，譴謫當滿限。憶昔遘疾初，室人淚如霰。市藥質衣襦，問醫典釵釧。告天願身代，焚香夜達旦。傷哉伉儷情，婢媼增感歎。我弟相愛憐，齋祓禱神殿。筮易得明夷，愁慘見顏面。望眼幾欲穿，痼疾久難變。忽然障翳開，慰我妻弟願。所痛泉下人，長逝不獲見。清夜魂夢驚，涕洟濕枕簟。慈母遠寄書，殷勤加誡勸。汝疾能漸瘥，我心釋惓惓。所宜閑性情，慎勿傷急下。如玉善守身，時詠白圭玷。夜眠毋過遲，小飲毋及亂。譬如刻晷長，日日增一線。努力作揣摩，來秋待文戰。跪聽慈母言，書紳再而三。遲遲春晝舒，晨起聽鳥喚。開窗炷名香，汲水滌塵硯。檢點故紙堆，拂拭陳几案。丹黃字字新，含笑獨展卷。如理舊彈琴，手生拍重按。如遇久別友，卜夜尚留戀。偶然一藝成，朋輩共傳贊。夜坐至宵分，兒女環相諫。自信還自疑，惟恐復昏眩。方其病廢時，俗眼動輕賤。豈知未死灰，終會再燃焰。搔首問蒼穹，譃語不嫌誕。一十二萬年，甲子從今算。"置之隨園集中，幾亂楮葉。

戴遠山送弟桐峰官滇南，有句云："詩堪入畫方稱妙，官到能貧乃是清"，又"果能承父志，亦足報君恩"。蓋其先曾爲曲靖別駕，立言如此，忠孝之風可見矣。

武進趙味辛司馬懷玉《舟行口占》云："海關西去是蘇關，咫尺相望數里間。自笑裝輕無稅物，年年虛往復虛還。"順德馮介厓達昌《汾江竹枝》云："廣州關接粵關關，只隔盈盈一水間。風月自來無稅例，滿船裝去復裝還。"二詩相似。

"朝集金張館，暮宿許史廬"，左太沖詩也。羊城金醴香員外、張南山師、許賓衢觀察、史穆堂太史，其四家皆以科名顯，人以漢四世胄比之。員外嘗有"廬推許史館金張，四姓科名著五羊"之句，可爲士林故實。

　　道光中，廣州僧某常與鄰婦通。事覺，勒令還俗，州判有云："既已摩頂盦中，守空王之戒律，何故畫眉窗下，學京兆之風流。"或謂和尚不妨好色，蓋多情乃佛心也。道士不宜好色，蓋太上忘情也。

　　女史潘卧雲爲李紫黼學博女弟子。學博有除夕句云："銘柏頌椒都緩事，急同兒女賞梅花。"女史亦有除夕句云："窮難送却痴難賣，滿架書爲壓歲錢。"意雖各別，李則偷閒，潘則作達，同是歲除佳句。

　　汾江①女録事小玉與某生有終身之約，遏於鴇母，其志不申，遂飲鴆而殞。順德梁章冉學博廷柟爲賦《碎玉行》哀之，中有"痴郎乍醒試扶將，沈沈大夢呼難起"之句。固蕩子之緣慳，亦佳人之命薄已。

　　郭頻伽明經有句云："天公事事煩兒女，青女飛霜少女風。"張南山師有句云："月有姮娥風少女，可知風月要佳人。"崇陰尊婦，俱有情致。

　　羊城天井岡有檀度庵，女尼靜室也。康熙四年平南王爲其第十三郡主創建。主幼即茹素禮佛，矢志剃染。王不能奪，選宮婢十人充侍者，建庵居之，賜號自悟大

――――――――――

　　①　汾江，廣東佛山河名，此借指佛山。

師，羣稱之曰王姑云。樊昆吾上舍嘗有詩弔之云：“一串
牟尼出火坑，儢中佼佼鐵錚錚。蒲團不墮紅羊劫，笑彼
飄零孔四貞。”蓋姑與四貞爲甥舅行，孔忠壯戰死粵西，
無子，四貞育於壽寧宮，封固倫宮主，食定南王俸，可
謂榮矣。後適孫延齡，以苦諫反目。孫爲吳世琮所戕，
乃依族子孫穎灝以終，其視自悟爲何如乎。咸豐丁巳，
英吉利入廣州，庵燬於火。

歸善張翰生都督玉堂，官新會參戎，時漁人網得舊玉
印一，中刻“玉堂之印”四字。都督以重價購之，愛其
與己名適符也。因憶武進孫淵如觀察星衍在長安時，嘗得
古印，文曰“孫喜”，與其小名同。喜而賦詩云：“土花
斑駁掩眞珠，不在秦殘亦漢餘。一代識君非冥漠，千秋
得我是相如。隨身便抵腰懸綬，壓卷新排手訂書。莫笑
百年身似客，後來人愛倘因予。”大抵雅人多有此種
好尚。

紀文達公①行步最疾，每入朝，同僚咸落後。彭文勤
公②戲語同人曰：“曉嵐確是神行太保。”文達應之曰：
“雲楣不過聖手書生。”聞者粲然。二綽號洵是絕對。又

① 紀文達公，即紀昀，字曉嵐。卒謚文達。
② 彭文勤公，即彭元瑞。字掌仍，號芸楣，江西南昌人，官工部
尚書，卒謚文勤。

蒲田郭蘭石太史尚先，以名翰林居編修十二載而不遷秩，
京師人呼爲金不換，以編修七品戴金頂故也。天門蔣笙
陔修撰立鏞在館十年，不除一官，人號"石敢當"，以修
撰六品服色，戴車渠頂故也。金不換對石敢當，亦是
絕對。

天地之大，無奇不有。咸豐壬子，廣州有人老而無
子者，一女年十九矣，忽化爲男。某作書賀其父，中有
數語云："由來雌霓，本號美人，何意雄風，竟吹少女。
豈六爻之俱變，陰極陽生；將一氣之能通，中藏外著。
木蘭老父，喜欲掀髯；薆草宜男，忽聞樹背。鳳將雛之
一曲，良足軒渠；兔撲朔之兩言，莫嫌唐突"云云。或
云書乃汪芙生作也。

臨川李薌甫觀察秉銓，在京師琉璃廠購得髹漆①木椀
一器，面逕七寸有奇，底口坦平，週身作連環方勝紋，
雕鏤工細，作深赤色。椀底有"沅澧同甌"四正書，陽
文。濃金填抹，古色繽紛，係永樂時果園上貢漆器無疑。
觀察頗寶貴，成果亭中丞思以漢玉盤易之，而不可得。
同人賦詩歌以寵之。

歙縣潘東甫茂才世鏞，嘉慶甲子應試歸。夜泊灣沚，

---

① 漆，原作"膝"，據下文文義改。

酒後偕同人坐船脣談詩。時舟人王秀痁作而伏，蹶然起曰：「既有新詩，何不示我。」潘遂出《金陵草》示之。王手執稿，且顫且讀，齒聲磕磕與吟聲相應答，若忘其為病痁也者。讀畢，問其疾，曰已愈。斯亦奇矣。潘賦詩紀之，有「不信新詩能愈瘧，竟如老杜戲花卿」之句。詩能愈疾，豈虛語哉！

錢塘陳曼生司馬鴻壽有錫壺茶具，雕刻精好，全用畫筆，與文三橋之鉼筆可稱伯仲。曾見其茶托子一枚，作海棠花式，面鑿詩句云：「山吐無聲月，江流有韻瀾」，旁勒「偶得句」三小字。詩境雖小，然有逸致，司馬亦才士也。

南海羅蘿村侍郎文俊患短視，嘗於召見時，上笑謂曰：「汝見朕否?」對曰：「臣視不過咫尺。」可謂應對得體。

金陵女子佘守貞，幼失怙恃，流為女伶。歙縣潘梅軒少府周銓見而憐之，揮金為脫籍，命作假女，擇同鄉吳生嫁之。潘東甫茂才有句云：「卻喜吾宗添故事，哦松少府管桃花。」一時人高其義。

蘇州顧蘅芷少尹遠成，其配沈氏卒，傷痛弗勝，作《悼亡詩》十首，哀豔動人。徐鐵孫觀察輗以聯云：「美

玉頽顔，明珠晦色；寶瑟永謝，瑤臺頓傾。”蓋集選句
也。周仲墀太史見之，謂徐曰：“聯語誠佳，惜碩腹麗顔
者，不相稱耳。”蓋沈偉軀巨趾，才與貌違故也。

卷　三

世傳史文靖公相府有牌十對，一曰一品當朝，二曰兩江總督，三曰三朝元老，四曰四代同堂，五曰五子登科，六曰六部尚書，七曰七省軍門，八曰八旗教習，九曰九門提督，十曰十度欽差。近見親迎者亦有牌兩對：一曰身經四萬日，一曰眼見三百孫。其事皆未知確否，姑錄存其說，以助美譚。

潘篆仙茂才嘗語余曰：錢蒙叟[①]當我朝大兵入關時，錢戴我朝冠帶往迎，途遇一叟，以杖擊其首，曰："我是箇多愁多病身，打你箇傾國傾城帽。"帽與貌同音，語本《西廂記》，聞者絶倒。

廣州妓館以珠江爲優，珠江數處以沙面爲最。沙面

---

① 蒙叟，清初降臣錢謙益之號。

在城西南，江中起一沙州。妓女以板築屋，其名曰寮。咸豐丙辰六月，忽遭回祿，焚燒殆盡。南海令華樵雲廷傑禁止不許重建。黃香石師有詩云："兵荒水患各相尋，絲竹何堪更抱襟。難得炎威賢大令，女閭一炬快人心。"因記乾隆間某太守官杭州，禁妓甚嚴，袁子才有詩嘲之云："棨戟橫排太守衙，威行八縣喚民爺。如何濟世安民略，只管河陽幾樹花。"此另是一種議論，文人之筆，何所不可。

鎮平黃香鐵釗以大挑知縣改教職，官潮州教諭。後復升翰林院①待詔，著有《讀白華草堂初集二集三集》。某撰一聯贈云："七品八品九品，品愈趨而愈下；一集二集三集，集日積而日多。"語頗風趣。

以財乞文，謂之潤筆。南海熊荻江孝廉景星，字伯晴，善畫，凡有求者，必需潤筆。如不與，於署款處只署伯晴。伯晴，白情也。又會稽錢友石筠，字耕雲，能畫。凡有求者，亦需潤筆，其鈐印二方，一狀如錢，朱文篆友石二字。一上雲下水，中立一人，手持竹竿向上作耕雲狀，又似打白水狀。打白水者，無錢之謂，粵東方言也。人或不與潤筆之費，則舉此印蓋之。與則舉上狀如錢者蓋之。此與唐六如書利市字於文稿卷面，頗相仿也。

---

① 院，原作"縣"，於義應爲"院"，據改。

　　字有平仄並用者，如某詠五風十雨句云："兩度膏纔膏，三番扇倍扇。"新警得未曾有。

　　李碧玲孝廉咸豐壬子將入都，買得晶章，朱文曰"杏花春雨江南"，心喜以爲有杏花之兆。比至章江，聞寇警南還，同舟盧君百城曰："晶章之文驗矣。"以上句是"報道先生歸去"六字也。李乃恍然悟。

　　《越風》選山陰李潛嵓大令光昭《哭方竹書》詩，中有句云："宦情淡似陶元亮，詩思清於陸務觀"，按貞觀年號及陸務觀觀字，俱去聲，讀作平聲，似誤。

　　扶乩之説，自古有之，昔人所述，不一而足。嘗在友人家請仙某，出句云："月裏嫦娥，週年坐月"，乩即動云："花間蝴蝶，終日探花。"

　　東鄉艾至堂大令暢宰博羅，放情詩酒，甫及一年，即撤回。昔永福黃莘田大令任官四會時，亦放情詩酒，大吏以"飲酒賦詩，不理民事"劾之。解組日，即將"飲酒賦詩，不理民事，奉旨革職"十二字自旌其舟而返。二事相類，且俱在粵東，頗奇。

　　平陰張明經春暘，有女年甫弱冠，工詩善書，許字李上舍鉅次子起鳳爲室，未成婚而婿卒。女遂自經，賦《絶命詩》十首，以遺父母云："自古身名不兩全，俗情除破寸心堅。親恩未報難回首，掌上奇擎二十年。""窗明几淨學塗鴉，曾向閒庭管物華。此後春光誰是主，年年風雨泣梨花。""數載青編辨魯魚，忠廉節孝盡非虛。而今一死方無愧，不愧從前讀過書。""人去空閨事事非，塵封網胃到應稀。遺鈿怕落雙親淚，懊悔年來作嫁衣。""絳帳隨肩姊似兄，高堂笑樂有餘情。可憐月暗西窗夜，無復燈前佐讀聲。""阿弟聰明遠勝吾，嚴慈愛比掌中珠。不知奮志青雲後，還憶芸窗校字無。""小婢知詩最所親，追隨雨夜伴霜辰。渠儂自有終身計，漫對青燈憶主人。""悶翠慵紅手自披，火中焚盡篋中詩。人生會有留名處，豈在風雲月露詞。""燈前顧影幾迴腸，默默無言祇自傷。先代芳踪堪歡羨，不教孤塚葬鴛鴦。""人到傷心易白頭，思男思女總宜休。椿萱兩姓皆康健，莫爲雙魂日夜愁。"悽慘之音，聞之酸鼻。

嘗見酒籌一副，上刻古詩一句，録之以博一粲。玉顏不及寒鴉色面黑者飲。人面不知何處去鬚多者飲。焉能辨我是雄雌無鬚者飲。豈宜重問後庭花新留鬚者飲。美人猶是意嫌輕大力者飲。獨看松上雪紛紛鬚白者飲。壓扁佳人纏臂金體胖者飲。登牆豈復有人窺貌寢者飲。對影聞聲已可憐短視者飲。相逢應覺聲音近短視者飲。一生長對水晶盤帶眼鏡者飲。願爲明鏡分嬌面帶眼鏡者飲。此時相望不相聞耳聾者飲。疑是神龜負九疇面有痣者飲。可能無礙是團圓大腹者飲。若教解語應傾國口吃者飲。兒輩從教鬼畫符面有垢者飲。鴛鴦可羨頭俱白年高者對飲。鳥飛千里不敢來腹大者飲。仙人掌上雨初晴净手者飲。馬思邊草拳毛動拂鬚者飲。由來神女管行雲體瘦者飲。只因齩著親人脚有口氣者飲。人面桃花相映紅面赤者飲。尚留一半與人看帶眼鏡者飲。粗沙大石相磨治大麻者飲。珠簾掩映芙蓉面細麻者飲。斯須改變成蒼狗衣貂裘者飲。傾城最愛著戎衣著缺襟袍者飲。無因得見玉纖纖袖不捲者飲。莫竊香來帶累人佩香者飲，左右鄰同飲。這回休更怨楊妃自飲，不許求代。與君便是鴛鴦侶同坐飲。養在深閨人不識初會者飲。誰得其皮與其骨喫菜者即飲。貴人頭上不曾饒近燈者飲。巫雲楚雨遥相接同居者飲。當鑪仍是卓文君手奉合席。彷彿還應露指尖隨意猜拳。掠面驚沙寒霎霎噴嚏者飲。情多最恨花無語不言者飲。不許流鶯聲亂啼問者即飲。回眸一笑却嫣然正色危坐者飲。無心之物尚如此取耳剔牙者飲。何止容君數百人曾告恭者飲。詞中有誓兩心知耳語者各一杯。出入朱門未忍抛好睡遲起者飲。千呼萬喚始出來後至者三杯。年來老幹都生菌年長有孫者飲。爲他人作嫁衣裳年老娶妾者飲。世間怪事那有此不懼内者一大杯。世上而今半是君懼内者飲。身上無有完肌膚妻妾兼懼者飲。莫道人間總不知懼内者飲，不認，三杯。若問傍人那得知賢内助者飲。天生舊物不如新續絃者飲。未知肝胆向誰是有妾者二杯。翻手爲雲覆手雨鰥居者飲。丈夫好新多異心有美僕者飲。雲雨巫山枉斷腸愛旦者二杯。猶堪一戰立功勳中年未有子者飲。令人悔作衣冠客端坐者飲。西樓望月幾時圓將婚者飲。水帶溪聲入夢流久客者飲。

願天速變作男兒_{未婚者飲}。東家流水入西鄰_{隨意猜拳}。坐間恐有斷腸人_{貌美者飲}。細膩風光我獨知_{手俸新褲者飲}。水光風力俱相怯_{老年娶妾者飲}。暗中惟覺繡鞵香_{著新靴者飲}。樹頭樹底覓殘紅_{新婚者飲}。顛狂柳絮隨風舞_{起坐不常者飲}。詞源倒流三峽水_{出坐小遺者飲}。不許文君憶故夫_{移坐別席，又復本席者飲}。何人種向情田裏_{生子者飲}。二水中分白鷺洲_{茶酒並列者飲}。盡是劉郎去後栽_{得家信生子者飲}。只應不憚牽牛妬_{妻好游者飲}。何人倚劍白雲天_{佩刀者飲}。世事回環不可測_{隨意飛送，受者免，辭者倍飲}。惟將舊物表深情_{久別不會者對飲}。平頭奴子搖大扇_{搖扇者飲}。狹巷短兵相接處_{同伴來者飲}。沉醉何妨一榻眠_{有酒客者飲}。世間行樂亦如此_{括耳者飲}。新鬼煩冤舊鬼哭_{醫者飲}。怕君著眼未分明_{善棋者飲}。美人細意熨貼平_{衣華者飲}。肯教容易見文君_{後到者飲}。曾是當年辛苦地_{洩氣者飲}。只緣恐懼轉須親_{琴瑟調者飲}。隔牆聞打氣毬聲_{鄰居者飲}。輕寒不入宮中樹_{著皮褲者飲}。中原得鹿不由人_{猜拳得勝者飲}。未必金堂得免嫌_{有鬚者飲}。偷折蓮花命也拚_{悍妻美妾者飲}。玉兔有情應記得_{有僕侍妾者飲}。杏花零落寺門前_{噴嚏者飲}。亂殺平人不怕天_{醫生者飲}。始覺空門興味長_{多冠者飲}。無人不道看花回_{美妻者二杯，合席公舉}。由來此貨稱難得_{狀元飲}。眼中人是面前人_{榜眼飲}。只應偏照兩人心_{探花飲}。隔花人遠天涯近_{傳臚飲}。鸑鷟不知人意懶_{編修飲}。時時聞喚狀元聲_{會元飲}。皇恩只許住三年_{庶常飲}。不是凡人不是仙_{同前}。脈脈無言幾度春_{科道飲}。佳節每從愁裏過_{京官飲，外任試用者同}。人事音書漫寂寥_{外任飲}。此中兼有上天梯_{行走者飲}。慎莫近前丞相嗔中書飲。爲郎憔悴却羞郎新陞部曹者飲。珍重尚書遣妾來部曹與同席者飲。半是半非君莫問曾典試者飲。看人門下放門生曾入外簾者飲。曾與將軍止渴來武職者飲。城中相識盡繁華初謁選者飲。有人惆悵臥遥帷納冠者飲。麝臍無主任春風未携眷口者飲。燈前合作一家春接眷同寓者飲。

又有《西廂記》酒令一套，亦佳。如今又也方飲者復飲。疑是銀河落九天撒酒者飲。翠袖殷勤捧玉鍾手拿杯者飲。光油油耀花人眼睛新剃頭者飲。將没作有無酒者飲。軟玉温香抱滿懷新娶者飲。北雁南飛對門飲。紅袖鶯捎玉筍長指甲長者飲。粉牆兒高似青天身矮者飲。著甚支吾此夜長未婚者飲。滋洛陽千種花好花木者飲。打扮得嬌嬌滴滴的媚穿色衣者飲。玉簪兒抓①住荼蘼架身長者飲。我從來心硬離家久者飲。我悄悄相問，你便低低應私語者飲。鳳簫象板，錦瑟鸞笙善樂器者飲。銀樣鑞②鎗頭輸拳者飲。風魔了張解元舉孝廉者飲。怎當他兜的上心來作嘔吐者飲。二月春雷響殿角打雷一次。眼皮兒上供養帶眼鏡者飲。疾忙快分説急口令。小生感謝你不盡也孫姓飲。誠何以堪再飲。權將這秀才來儘庠士飲。夫人只一家同姓者飲。先生大恩不可忘也張姓飲。早則展放從前眉兒皺前酒免。既然洩漏怎干休洩氣者飲。恐怕人知懼内者飲。土氣息泥滋味泥塑。春生敝齋貌美者與主人對飲。

---

① 抓，原作"沠"，據《西廂記》卷三第三折改。
② 鑞，原作"蠟"，據《西廂記》卷四第二折改。

太平車，敢有十餘載體胖者飲。仔細端詳近視者飲。繡幡
開，遥見英雄俺打通關一次。侵入鬢雲邊連鬢鬍者飲。乍相
逢，記不真嬌模樣初會者對飲。供食太急催飯者一巨觥。孔雀
春風頓玉屏好陳設者飲。袒下了偏衫露體者飲。小梅香伏侍
得勤有婢妾者飲。尊前酒一杯年最長者飲。知音者芳心自同送
酒唱曲。語句又輕，音律又清合席各唱，不能者飲。只將花笑
拈飛花送酒。我一地胡拏任意送一大杯。紙光明玉版素善書法
者飲。不是他人耳聰耳重者飲。盡在不言中裝泥塑一次，免飲。
老夫人拘繫得緊有如夫人者飲。咳嗽一聲咳嗽者飲。我是特
來參訪，你竟無須推讓敬客一大杯。文魔秀士在庠者飲。指
頭兒告了消乏理鬍撓癢者飲。怕動彈面前積酒者飲。爲甚打扮
著特來幌穿新衣者飲。若不覷面顏，廝顧盼近視者飲。好著
我難猜猜枚一次。教小生半途喜變憂大笑一大杯，微笑一小杯。
我定要發落這張紙普席聽令。便提刀仗劍，誰勒馬停驂自開
拳。哈，怎不回過臉兒來面不朝席者飲。要算主人情重任主
人飛送。風過處，衣香細生佩香囊者飲。我只見頭似雪，鬢
如霜鬚髮白者飲。好教我左右做人難上下家各一杯。休教淫詞
污了龍蛇字說村話者飲。香烟人氣，兩般兒氤氳得不分明喫
烟者飲。帶圍寬過瘦腰肢身瘦者飲。施恩於人，反受其辱代
飲者一杯。小車兒如何載得起身胖者飲。顛來倒去不害心煩
折過酒者飲。還准備折桂枝應試者飲。女孩兒家怎響喉嚨高聲
者飲。這通殷勤的，着甚來由多嘴多手者飲。定要手掌兒上
奇擎手不擎杯者飲。馬兒向西善騎者飲。那裏叙寒溫打話談家
常者飲。冷句兒將人廝侵嘲罵人者飲。游絲牽惹桃花片微鬚者

飲。倩疎林，你與我挂住斜暉_{遲到者飲}。淡白梨花面_{白面者飲}。走霜毫不構思_{能詩文者飲}。高坐上也凝眺_{坐首席者飲}。休言語靠後些_{説話者飲}。我願爲之，並不推辭_{自飲}。口没遮攔_{無鬚者飲}。害殺小生也_{自飲一巨觥}。那人一事精百事精_{多藝者飲}。全不見半點輕狂_{端坐者飲}。氳的改變了朱顏_{喫酒面紅者飲}。枕頭兒孤另，被窩兒寂靜_{作客者飲}。你嫌玻璃盞大量小_{者飲}。只少個圓光，便是捏塑的僧伽像_{光頭者飲}。願天下有情的都成了眷屬_{有親者對飲}。定然是神鍼法灸①_{通岐黃者飲}。我把五千人作一頓饅頭餡_{量大者飲}。爾是年紀小_{年少者飲}。雁字排連_{有兄弟者如數飲}。春至人間花弄色_{擲色一次，得紅者飲}。尋思就裏藏色_{一次}。停妻再娶妻_{前酒未飲，再飲一杯}。玉石俱焚_{合席飲}。請先生切勿推辭_{西席飲}。野草閑花滿地愁_{著靴者飲}。准備着抬乘輿_{者飲}。誰做鍼兒將線引_{冰人一杯}。筆尖兒橫掃五千人_{醫士飲}。斷送了呵，還便甚嘍囉_{醫士飲}。欽敬呵當合_{西席、親家、老者各一杯}。先生休作謙_{西席飲}。請貴人_{有職者飲}。不會諸親_{主人親戚免飲，餘各一杯}。唬得人來怕恐_{巨觥}。好事兒收拾得早_{畢令，合席飲}。

番禺許賓衢觀察_{祥光}，築樓於珠江之濱，顏曰"袖海"，取東坡"袖中有東海"意。複室連楹，極其壯麗，

---

① 灸，原作"炙"，據同上書卷三第四折改。

一時莫能优焉。自撰楹帖曰“石角東西①花月夜，潮頭上下海天秋”，又“四面清風三面水，二分明月一分花”。按袖海樓可與襟江閣作的對，閣在三水縣。

粤秀山三元宮吕祖籤，相傳甚靈驗。道光辛卯科，范君喬_{如松}詣祠請兆，得一籤，中有句云：“但看雙入卯金宜，只待十八子提携。”及揭曉，果中式。其房考則爲李公，_{去半}故曰十八子②。又咸豐丙辰補行乙卯科，潘鏡仁_{壽齡}詣祠請兆，亦得此籤。及開榜，亦中式，其房考則爲劉公_{蔭棠}，故曰卯金。二者固非偶然爾。

南海徐佩韋大令_{臺英}爲子受室時，嘗自撰一聯云：“女無不愛，媳無不憎，願世上翁姑，推三分愛女之情以愛媳；妻易於順，親易於逆，望汝曹人子，減半點順妻之心以順親。”蓋有慨③而言之。

常熟蔣伯生大令_{因培}，嘗客阮文達公署，久無所獲。偶詠木棉，有句云：“堪笑燭天光萬丈，何曾衣被到蒼生。”公覽畢，知其諷己，遂餽朱提數笏。

———————

①　石角東西，东石角在今八旗二馬路北側，西石角已消失。樓臨江濱，故風景絶美。
②　咸豐本“李公”二字下本作墨釘二處，同治本改爲“去半”二字，今從之。前者之墨隱，諒爲免冒犯忌諱之故。
③　慨，原作“嘅”，“嘅”有一義，古同“慨”。

咸豐甲寅，粵東土寇起，所過殘破。鶴山知縣馬蓮峰大令斌聞賊將至，自知不免，巡城時口占一詩云：“時勢今如此，登樓益自傷。聲頻驚鶴唳，誓欲息鷗張。天地昏無色，旌旗慘不揚。惟餘丹赤在，留待報君王。”及賊至，乃詔其弟曰：“吾死職守，分所當然。歸語兩大人，毋以我為念。”又贈一詩云：“尚有雙親在，何堪永別離。劬勞誠莫報，慷慨亦徒為。恐負鯉庭訓，應傷鶴邑危。高堂煩侍奉，忠孝兩心知。”吟畢，揮之去。遂被執，罵賊而死。嗚呼！如大令者，真可謂從容就義矣。

嘉應宋芷灣太史湘未第時，嘗替代文字。一日應童子試，為學使所覺，繫於大堂之側，曰：“還能捉刀否？”題為“可以人而不如鳥乎？詩云穆穆文王”，時旁有童生某於渡下處構思未就，宋乃從容曉之曰：“何不云：‘鳥不如人，猶可恕也。人不如鳥，實可恥也。如恥之，莫若師文王。’”某大喜，用其語，果獲售，其靈敏多類此。

袁子才嘗蓄一羊，逸入鄰園食菜。鄰翁來告，袁曰：“汝知園字乎？必築圍而後可。”對曰：“公亦知園字內為何字乎？築圍僅防圍外，不能防圍內也。”袁為之絕倒。

廣州小優阿信者，姓洪氏，福建人，容色頗佳。向在怡園席上見之，捧觴侑客，釧擊花飛，當之者莫不魂與。余倣陳其年於紫雲故事，繪成一册，名曰《冶春花影》。一時知名之士，題贈盈卷。無錫杜季英雋詩云："洪郎名似章臺柳，黎園亦有閨房秀。不信西方有美人，最憐南國多紅豆。洪郎生小住榕城，月姊相依並有名。油壁忽迎蘇小去，香桃瘦骨怨離情。已無阿母憐婀娜，郎罷携來乘一舸。比似閫娘十八時，秃襟小袖情無那。盛名尋遍媚川都，聲伎翻愁絶世無。柳葉輕匀成八字，蓮花鑿出試雙跌。含商咀徵紅牙按，一聲入破腸堪斷。相見真憐太憨生，多情誰似風流旦。聞道春風唱柘枝，廣場人靜笛聲遲。雲鬟雪面嬌裝束，委靡便娟絶一時。弓彎舞態凌波步，流睇含情更無數。笑領纏頭一曲成，何戡怊悵秋娘妬。經過趙李日如雲，軟玉香杯戲鄂君。愁是五陵年少醉，花前笑把出金裙。已知絶藝傾時世，顧曲有人憐擁髻。只許雲林共冶游，花田十里溪山麗。芙蓉不續越人篇，香翰舟中幾度眠。寫韻翻教勤子夜，定情正好是丁年。情深轉惜花開早，廿四番風吹易老。欲留金粉駐紅顏，頰上桃花不長好。鶯手相逢亦有情，曲肩豐臉貌初成。迷離錯認乘鸞畫，媒妮真愁顧兔形。倪郎一見頻嗟賞，願把沈香熏小像。羞將宮樣鬬何綏，肯學環肥笑周昉。長紅小白稱丰裁，不似當筵羯鼓催。想見玉簫低唱夜，斷人腸處爲君來。細視雙瞳秋水剪，流恨君懷情不淺。爲看楊柳影婆娑，更惜櫻桃歌宛轉。香盒犀鈿重提携，更擘紅牋索我題。愁煞畫眉人不見，庾郎門外玉驄嘶。"今季英已登鬼錄，而洪郎不在仙城①，重檢遺詩，不勝人琴俱亡之歎。

漢軍蔡禹功制府斑句云："詩句瘦於寒夜鶴，心情閒似暮山猿。"仁和馬秋藥太常履泰句云："施香笑揖梅檀越，留飲狂開麴道場。"同是贈僧詩，一覺清真，一覺豪宕，俱可誦也。

張南山師宦情素淡，年逾五十，即引疾歸田。令嗣小蓬司馬就烟雨寺旁築聽松園，爲師著書之所。師嘗自書楹聯云："爲詞客，爲宰官，爲老漁，卅載風塵，閱幾多人海波濤，纔得小園成退步；愛詩書，愛花木，愛絲竹，四圍溪水，喜就近佛門烟雨，且營閒地養餘年。"說者謂上聯是松心居士②年表，下聯是珠海老漁③日記。

吳川林茆南殿撰召棠有《紅樓夢百詠》一首，裁對工巧，亟爲錄之。詩云："貴戚椒房寵元春，萱堂老更賢史太君。黃粱④仙島夢痴夢仙，香稻美人田李紈。舌可同鸚鵡王鳳姐。魂猶怨杜鵑林黛玉。紅裙能大雅香菱，素縞薄春

---

① 仙城，謂廣州城。《寰宇記》：周時南海有五仙人衣五色衣，騎五色羊來集楚庭，各以穀穗一莖六出留與州人。仙去，羊化爲石。故廣州名羊城，又曰仙城。

②③ 松心居士、珠海老漁均張維屏自號。

④ 粱，原作"梁"，依文義改。

綿邢岫烟。客在芭蕉下探春，人依芍藥邊史湘雲。何年鴻案舉秋芳，今夜鵲橋填巧姐。碧藕吹香地惜春，紅梅詠雪天寶琴。三更枯井月金釧，一劍暮雲烟尤三姐。薔字誰能畫齡官，環兒未解憐彩雲。妾心清似水鴛鴦，郎性急如弦迎春。情問紅衣女襲人妹，詩來水國舩真女。草螢新得譴李綺，脂虎借分權秋桐。幾斛明珠換珍珠，斜簪玳瑁妍玳瑁。宮袍留夜半抱琴，春事送秋千偕鶯。巧侍丹青畫入畫，名宜翰墨編侍書。芳姿爭似杏文杏，小步可生蓮蓮花。舞袖垂纖腕玉官，蒼顏餂小鬟艾官。素雲橫翠鬢素雲，碧月映金鈿碧月。字憶銀鈎美篆①兒，人疑射雉旋豐兒。甌擎翻玉茗茜雲，盤遣汲湯泉笑兒。佳果從教索板兒，嘗糕未許先小蟬。情緣通邂近嬌杏，花樣倩描傳綺霞。扇誤楊妃覓倩兒，錢教姹女穿佳蕙。羹嘗荷葉美玉釧，釵已鳳絲全繡橘。擎掌珠成寶寶珠，描蛾黛小卷小螺。性同獅子吼金桂，搶愛美人拳琥珀。舞鏡推雙羽藥官，泉臺約比肩金哥。此卿真命薄可卿，阿姐爲情牽尤二姐。曲度銀雲遏文花，簫吹碧月圓佩鳳。同生憐此夕寶蟬，獨秀艷他年秋紋。初試縹車轉翠屏，憑誰綵線牽紫鵑。壺漿温酒送若玉，恩賜舊衣偏妙玉。懶侍蓮花座四兒，癡參玉版禪喜鶯。虛無神女賦村丫頭，妙悟伯牙弦彩霞。花愛陰陽辨翠縷，情欣水月聯能兒。鴛鴦原野宿鮑二家，仙鶴亦雙眠仙鶴。佳會遺香帶司棋，癡心寄紙牋藕官。

---

①　篆兒，"篆"原作"篆"，字書未見此字，今依《紅樓夢》第五十七回改。

何人憐病骨五兒，之子是情顛晴雯嫂。蕙徑遺巾在小紅，蘭湯出浴嬌碧痕。薇硝香悄贈蕊官，花冢淚難濺傻大姐。偷得蝦鬚鐲墜兒，持來雁字箋翠墨。閑拈花姊妹荳官，偶有玉姻緣李紋。小院調鸚鵡寶官，鄰墻認紙鳶妍紅。扇歌蝴蝶舞寶釵，臉愛海棠鮮芳官。偷繫蝦鬚帶襲人，歡呼蠍子筵平兒。關心頭似靛麝月，得意體如綿多姑娘。絡結梅花外鶯兒，春歸燕子前春燕。藉扶親婉戀雪雁，借伴舊嬋娟萬兒。荳蔻花三月雪兒，芙蓉誄一篇晴雯。恨天留未補寶玉，一夢悟情仙警幻仙姑。

東晉穆帝永和九年癸丑至國朝咸豐三年癸丑共一千五百零一年，計歷二十六癸丑。

劉碧鬟者，揚州人。幼工詞翰，歸三吳開府某公爲妾，甫周星紀，遽嬰抑鬱難言之故，一病不起。琴亡之日，含殮闕如，尺土附身而已。後數年，某中丞客有扶鸞者，劉降焉，揮灑珠璣，備極敏妙，有“最憐愁絕處，日暮下雞棲”句，並示以委玉埋珠之所。咸就牆角雞塒下發之，玉骨未消，香囊猶在，遂買棺改葬於虎邱山側，表曰“鬟仙之墓”。會稽吳象超先生尊萊爲賦《鬟仙曲》云：“百花洲上花如語，姹紫嫣紅媚吳女。誰識優曇一現花，埋香留得銷魂譜。竹西歌吹是仙關，有女香閨字碧鬟。卯金家世無雙譽，弄玉才名第一班。阿父提携成鴨綠，父書膝下兒能讀。塞月遙窺翡翠簾，邊鴻解寫琵琶曲。歸來何異贖文姬，恰值嬋娟三五期。石尉旋抛珠十斛，西施俄入網千絲。三吳開府高門第，十二金釵呈色藝。瞥見傾城寵愛專，定情輒作丁寧誓。樓邊來鶴舞蹁躚，樓上佳人住幾年。愛理繁弦調雁柱，躭吟麗詠劈鴛鴦。何期坎壈潛相及，永巷長門百憂集。密語常防鸚鵡知，柔腸暗對蟾蜍泣。一病扶頭困不支，殘妝憔悴蹙蛾眉。瘦蘭影怯秋風裹，簷鐵聲酸夜雨時。纏綿絲盡春蠶死，好物難堅每如此。玉樓特署女修文，金屋徒傷賢侍史。生前怕聽汝南鷄，此日偏緣塒桀栖。珠襦鈿匣原無用，暴露重泉太慘悽。重泉暴露愁如海，麥飯棠梨復誰待。蕙質消磨槿豔空，但餘一點靈犀在。時移景換恨漫漫，冥漠羈懷欲訴難。入幕忽傳應阮侶，乞靈仙筆禮仙壇。氤氳寶鼎飄烟篆，朱符上達通明殿。步虛疑下佩珊珊，有影無形終莫見。自通名姓自題詩，幼婦誠工絕妙詞。班香默向人間散，謝絮紛從空際披。印沙點畫驚人句，句中似有難言故。虔心點祝叩仙靈，靈來何處歸何處。觸迕多端起累吁，前因歷歷不模糊。江南塞北都如夢，身是無歸魂旅孤。太息榮華殊草草，盛衰轉燭寧長保。縱無錦襪與人看，恍怫淪亡說天寶。一載更衣侍寢宵，百年憂患送芳韶。美人黃土尋常事，死向飄零詎自聊。聞道諸公能好義，漆燈幽室何年閟。敢期宛若建神祠，可歎清娛虛葬地。滿堂氣蕭感精誠，慷慨爭深殲瘵情。巫尋冶冶盈盈質，須認咿咿喔喔聲。亞字墻東發深塹，沉冤儻出豐城劍。殷勤薰沐納檀

棺，相度經營封石窀。虎邱山畔白垂楊，過客流連酹
酒漿。粉膩桃花思倩女，繡裙芳草伴真娘。銜環斂袂
還稱謝，悠悠從此安長夜。沾丐清芬暈碧遺，流傳佳蹟
依紅暇。會合因緣信有神，免嗟歷劫付湮塵。姬姜孤負
全貞節，張孔誰收結綺春。紅顏畢竟為誰盡，絕芒明言
剖衷隱。薄命摧殘只自憐，傷心孤孽同宜忍。合誠生天
向落伽，消除業障鏟情芽。休談幻異崔羅什①，合補碑銘
蔡少霞。三字原闕。

　　南海顏紫虛上舍薰有《農具》五古十二首，句如
《犁耙》云“一鞭趁雨餘，布穀鳴天霽”，《茅挑》云
“持向南山陲，刺煞白額虎”，《鋤》云“豈獨種梅花，
始攜鴉嘴往”，《鎌》云“新月向腰橫，黃雲隨手落”，
《竹笠》云“牛背晚風斜，吹落牧童頂”，《蓑衣》云
“時助雨聲狂，冥濛霑不透”，《篩箕》云“不緣擺脫勞，
那得精鑿出”，《穀圍》云“登垎稟粗完，問富數歷歷”，
《磨》云“運用憑一心，靈動得乃爾”，《碓》云“月夜
村墟來，舂聲出茅屋”，《水車》云“平疇苦龜坼，足踏
清溪溢”，《風櫃》云“能鼓大塊氣，陡瀉腹中滿”，不
耕而食者觀之，可以知稼穡艱難，農功辛苦焉。

　　方蘭畦女史，崑山人。幼許同邑顧氏子，未成婚而

---

① 崔羅什，“什”原作“成”，據《酉陽雜俎·冥蹟》改。

顧卒。方誓歸顧氏，歷三十餘年如一日，以嗣幼家貧，未及請旌而歿，良可哀也。著有《息影山房詩》，長洲宋子翔_{筠祥}爲之付梓。詩多佳句，五言如"雁影橫秋水，蛩聲亂夕陽"，"家貧親戚少，秋老雨風多"，"客舍無青眼，家園有白頭"，"月高人影小，露重竹梢低"，"性難諧俗尚，情不受人憐"，"林深惟見鹿，池靜不生蛙"，"晚烟團樹影，疎竹散風聲"，"蕉葉通簾綠，林花帶露紅"，"病魔隨暑去，詩債逐秋來"。七言如"樓外日酣紅杏雨，陌頭風冷白楊烟"，"撲面好風春淡蕩，如眉新月影微茫"，"人來老圃疎籬外，秋在斜陽古渡頭"，"綠楊堤外吟新雨，紅杏花前哭故人"，"黃鳥無言春已去，青山有夢客重來"，"夙緣未了書千卷，往事渾同夢一場"，"千古江山雙淚外，半窗風雨一燈中"，"七里人烟山外市，萬家燈火水邊樓"，苦節清才，微子翔幾乎湮沒矣。

《兩般秋雨盦隨筆》：楊妃小字，外傳及諸書皆曰玉環，而唐狄昌詩云"馬嵬烟柳正依依，又見鸞輿幸蜀歸。地下阿蠻應有語，這回休更怨楊妃"。似妃字阿蠻。然遍考他書，未有見者。且阿蠻、楊妃並用，文法亦似重疊，若以蠻瞞音近，明皇小字阿瞞，則本朝天子，臣下不應如此輕薄云云。按阿蠻姓謝氏，新豐女伶，見唐樂史所撰《太真外傳》。

獅子洋①西有浮練山焉，石勢嶙峋，苔莓若錦，石間隱隱有"靈益雷"三字，形若小篆，縱橫逾丈，筆畫分明。石作鐵色，字作青白紋，陰雨夕照，側面視之，波桀若飛。晴霽視之，無有也。番禺孔綸庭繼宣云："肇慶之茶垞岡，絕壁上有石紋'父母'二字，筆畫森然，字間寸草不生，可與此並稱奇絕。"

廬江江龍門大令開嘗客都中，得一姬，楊朗山部曹以其祖昭勇侯所得雲青馬贈以乘歸南中。江作詩謝云："征西老將度冰山，收得龍媒入玉關。姑與文孫趨粉署，轉遺歸客載紅顏。嘶風每向青霄立，踏雪聊從曠野還。莫謾翩翩毛骨動，天生神駿肯投閑。"既得美人，又獲名馬，豈獨消受豔福一端而已耶。

廣州將軍署，靖南王廢邸也，西枕六榕寺。浮屠弗利居者，康熙中，將軍拜音達禮年道出廣信，因詣龍虎山，丐張真人厭勝之術。甫就坐，有赭衣道人跌踞檻西，真人指謂將軍曰："祈此師可也。"因禮拜之。道人曰："此宅煞細故，以文字鎮之當吉。"索紙大書"泰山石敢當"五字，題款"純陽子書"。將軍驚謝。旋失所在。真人曰："本日純陽師值殿，公幸遇之，福緣無量也。"遂奉南歸，勒石東廊，與浮屠遙對。闔署貞吉，旗人呼

---

① 廣州蓮花山山以南珠江寬闊江段名獅子洋。

爲仙筆。碑字逾尺許，出入虞、褚間。余嘗與樊昆吾上舍同捫讀之，洵奇蹟也。

南海女史吳小荷尚薏，爲荷屋中丞女，能詩工詞，尤精畫理。余嘗見其自寫小影，上題絕句數首，中有句云："含毫畫出還私問，可是西山寫韻人。"自負不凡。

二月十六日爲明張麗人①誕辰，增城何一山桂林嘗於是日冒雨招余輩往百花冢，以清酒酹其墓，并賦詩。有"一抔香土花仍放，三月芳辰雨未晴"之句。文人好事，一山之謂也夫！

昭文孫子瀟太史源湘，與德配②席浣雲佩蘭俱能詩，倡和甚夥。其示內句云："賴有閨房如學舍，一編橫放兩人看。"又贈內句云："五鼓一家都熟睡，憐卿猶在病牀前。"上聯想見閨房之樂，下聯想見伉儷之篤。

黄帝元帝甲子逮今共歷七十六甲子，見仁和董蘊人醇所輯《歷代甲子紀元表》。

---

① 張麗人，明末名伎張喬，一名喬婧，世稱張麗人，能詩，與黎遂球、彭日楨等名士交往唱酬。著有《蓮香集》。
② 德配，人妻之尊稱。

陳朗山孝廉嘗語余曰："昔有幕友，逸其里居姓氏，嘗受徐鐵孫觀察之聘，道出杭州，宿於逆旅，見一折脚几，續以片板，睇視乃厲樊榭栗主也。某大歎詫，復於其地覓得月上栗主。因倣春渚何君故事，重送入山谷祠以供之。"其好事亦可風矣。

漢軍王兆鸞者，慕養生之術，於粵秀山下自墾場圃，畜魚蒔蔬以爲食，不出柴關者近二十年。偶記其門聯云："曉烟貼地鷗盈浦，空水沿籬韭一畦。"陶然自得之概，溢諸言表。其圃最多櫻桃，咸豐丁巳之役，蕩如焦土矣。

虔州黃樨坪學博—桂，耽奇嗜古，挾青鳥之術以游粵東。阮文達公督兩廣時，重修省志，黃與讐校之役。稍出其著述以示人，大抵皆漢宋騎牆之説，有意迴護五子者也。晚年學業大進，深悔昔時之非，大書楹聯以自警云："讀史漸知心學誤，蒞官益覺理儒疎。"江鄭堂博學亟稱賞是聯，謂非閱歷世事，不能作此精切語。

宜興任息齋茂才元祥，歿後詩文貧不能刻。其妻黃氏蠶績刺繡，積十餘年，傾資爲梓以行，集名《鳴鶴堂》。某有句云："一卷刻成名士集，十年費盡美人心。"如黃氏者，可謂賢婦矣。

骰子之戲，有趨洋、跳猴、過五關、敚狀元諸名色，一日之間，輸贏無算。錢塘梁晉竹孝廉紹壬有《骰子詩》四首云："誰將象齒試磋礱，巧樣新雕妙手空。解得風流便拋擲，本來骨相太玲瓏。戰因奪采偏成白，人爲貪花只愛紅。怪底重簾樺燭下，紛紛笑語競雌雄。""一生花酒聽平章，只在歡場與熱場。與世逢迎原跳脫，對人面目作剛方。熱心不死爭拚注，妙手成空笑解囊。半霎輸贏無定向，此中原有小滄桑。""廣筵置局集同儔，不論清流與濁流。問有何才偏號博，欲令誰報竟先投。綠么低唱聞聲喜，紅豆相思入骨愁。竿木逢場儂亦羨，書囊蕭索太增羞。""聲聲唱雉與呼盧，闤闠功名賤丈夫。用足人間浮浪子，力傾天下看錢奴。心爭鵞眼鬖眉展，計逐蠅頭骨髓枯。聞道東山方賭墅，有人黑白認模糊。"於戲！家無擔石儲，而一擲百萬，世豈鮮牧豬奴哉！花骨頭爲禍，烈於水火，顧安得鐵蒺藜碎之。

南海某太史不能操北音，見賓客輒曰係、係。土音言是曰係。或戲贈以楹帖云："江淮河漢，日月星辰。"某大喜而不知其歇後語也。人傳以爲笑。

卷　四

　　國朝成三元者，自乾隆至道光得兩人焉，皆以改名及第。一長洲錢湘舲_棨，爲諸生時初名起，因功令避前代名賢同姓名者，易今名。一桂林陳蓮史_{繼昌}，初名守壑，嘗夢泥金到門，乃繼昌二字。詰以錯訛，其人答云："今年會狀必是此名。"寤而更今名。豈三元及第必更名而始獲雋耶。何偶合也。

　　順德溫遂之通守_{汝遂}，工畫竹。南海招銘山大令_{子庸}，工畫蟹。俱跌宕不羈，好作珠江游，選色徵歌，幾無虛日。諸姬以得其手蹟者爲幸。南海李紫薾學博_{長榮}《珠江雜詩》云："老輩風流總不羈，狂名都播翠裙知。溫郎墨竹招郎蟹，爭遣群花拜畫師。"亦畫苑之美譚，翠樓之韻事矣。

　　瀋陽樊了園茂才_{夢蛟}，昆吾上舍之尊甫也，粵東駐防應京兆試，自君始。嘉慶戊辰試罷，歸至江西金盡，以百錢趁商船舵尾行。舟中人拈韻爲詩，樊亦作吟哦聲與相答。舟中人驚詢之，試請爲旅夜詩，限江字。樊口占以應，有"三更魂入夢中夢，一箇人行江外江"之句。衆大歎服，遂迎進艙，厚贈之。道光癸卯，其孫鍾秀舉孝廉，今爲河工同知。

秀水李武曾徵君良年，嘗道出滁陽，題詩旅壁，酒家女方八九齡，爲之拂硯注水。七載後重至其家，見前題剝落過半，感行路之久，仰視而歎。店叟詢所以，李未及對，其女方當壚，私語翁曰："吾小時嘗看客題詩於此，翁命予洗硯，遂相忘耶？"叟始悟。李爲賦短章，中有數語云："城西小巷孤吟處，屋後櫻桃垂一樹。暮雨春燈感舊題，粉牆剝落無完句。"又"茫茫陳迹去如馳，翠袖偏能認游子。此日當壚解喚人，當時宛轉翁懷裏"云云。碧紗紅袖，徵君殆未能忘情歟。

海寧張誠之明經爲儒，嘗買得一印，朱文"半間"二字，石極精瑩，字漸漫滅。或云"賈秋壑故物也"。張賦詩云："小印紅蟠尚宛然，故都往事獨流連。羽書自報長圍急，石墨空勞上相鎸。蟋蟀聲中如有恨，木棉花發不知年。美人狎客俱黃土，誰料遺踪市肆傳。"按，以花乳石刻印，始自元末煮石山農王冕，此印恐非賈氏物也。

道光庚戌，英清盜黃毛五起，轉掠諸邑。山陰鍾蘭亭少尹_{雲龍}官翁源縣磜下司巡檢，妹嬌姑侍母之官。賊至，家人咸倉皇逃避。一老僕携嬌姑走稍後，爲賊所得，不辱，自剄而卒，年十五。海昌俞溥臣_{崇福}代作徵詩啓，其略云：“是時也，長沙地小，夜出檻槍。平郡圍深，朝傳烽火。全家轉徙，歧路倉皇。女自顧零丁，彌嗟舛午。可憐燕羽，難犯鯨牙，不意蛾眉，竟遭虎口。艱難今日，慷慨此生，遂乃投袂而前，抽刀以起。羼來狼尾，橫逆難加，飲此魚腸，須臾肯緩。嗚呼！絳雲飛而月斂，赤嫖怒而香消。女之名固自完矣，女之心可謂烈矣。今者瓊枝雖折，金簡難湮，白刃一揮，紅妝千古。伏望淵雲妙手，燕許宏才，各賜瑤篇，聿彰潛德，共留飛白，永耀汗青。庶幾五色毫揮，立見美人虹起；一枝藜照，長教女史星明”云云。一時題詠甚富。咸豐丁巳冬，英吉利入廣州，番禺令李公_{福泰}之妻張氏聞變自縊。他日當有哀其義與嬌姑同表揚者。

嘗於珠江畫舫中見一女郎手持湘妃竹淡金面摺叠扇一柄，蠅頭細書《紅樓夢》人名，下合《西廂記》曲一句，詞意酷肖，真雅製也。錄之以供同好。警幻仙姑_{人間天上}。史太君_{積世老婆婆}。邢夫人_{從來懦}。王夫人_{女教爲師}。李紈_{節操凛冰霜}。王熙鳳_{酸醋當歸浸}。尤氏_{這邊是河中開府相公家}。秦可卿_{夢兒相逢}。元春_{御筆親除}。迎春_{體態是温柔，性格是沉}。探春_{我雖是女孩兒，有志氣}。惜春_{禮三寶}。巧姐_{纖女星}。寶珠哭聲兒似鶯囀喬林。林黛玉情到海枯石爛時。薛寶釵舉止端詳。寶琴嬌滴滴越顯紅白。史湘雲夢不離柳影花陰。邢岫烟可憐我爲人在客。李紋撲刺刺把比目魚分破。李綺好着我難猜。尤二姐游絲牽惹桃花片。尤三姐斬釘截鐵常居一。喜鸞不識憂，不識愁。夏金桂寒窗重守十年寡。妙玉真僞。傅秋芳只許心兒空想，口兒閒題。若玉撲騰騰點着袄廟火。薛姨媽幼女孤兒。趙姨娘便待剷草除根。佩鳳打扮着特來晃。秋桐如何妾脫空。鴛鴦鳳隻鸞孤。瑞珠在心爲志。金釧一納頭便去憔悴死。紫鵑有情的都成了眷屬。平兒做夫人便做得過。香菱他若見甚詩看甚詞，他敢顛倒費神思。晴雯性氣剛。彩霞多情早被無情惱。玉釧恁般惡搶白，並不曾記心懷。彩明向柬帖兒上計稟。鶯兒真不枉喚做鶯鶯。彩雲非奸做盜拿。抱琴宮樣眉兒新月偃。襲人伯勞東去燕西飛。麝月抓住荼蘼架。碧痕溼透了凌波襪。柳五兒遮遮掩掩穿芳徑。小紅耍梅香來説勾當。四兒洩漏春光與乃堂。司棋人約黃昏後。侍書冷句兒將人厮浸。翠縷和小姐閒窮究。入畫誰許爾胡行亂走。春燕管甚麼拘束親娘。萬兒好事兒收拾得早。寶蟾紙窗兒溼破，悄聲兒窺視。雪鴈世間草木是無情。傻大姐小孩兒家口沒遮攔。王善保家何須爾一一搜原由。文官啓朱唇語言的當。齡官盡在不言中。芳官翠袖殷勤捧玉鍾。藕官一樣是相思。葵官女孩兒家恁響喉嚨。嬌杏穩受了五花官誥。金哥白練套頭，尋個自盡。淨虛對艷妝將言詞説上。智能常要担攔人性命。劉老老信口開合。青兒猩猩惜猩猩。馬道婆速滅。甄士隱誰想這裏遇神仙。賈敬無意求官，有心聽講。賈赦情性傲。賈政平生正直無偏向。賈珍將錦片前程已蹬脱。賈璉惹草粘花没掂三。賈珠先亡了有福之人。寶玉萬種情緣一樣愁。

賈環一地胡拿。賈蓉做多少好人家風範。賈蘭後代兒孫。賈代儒向詩書經傳，蠹魚似不出，費鑽研。賈瑞硬撞了桃源路。賈薔不由人不口兒作念心兒印。賈芹將一座梵王宮化作武陵源。賈芸若是眉眼傳情未了時。北靜王潘安般貌，子建般才。王子騰兼領得陝右河中路。雲光久折鴛鴦坐兩下裏。趙全賊心賊腦天生劣。戴權難消遣。馮子英排酒果，列笙歌。林如海宦游在四方。賈雨村任憑人説短論長。薛蟠天生是敢。薛蝌愁他心動。馮淵驀然見五百年風流業冤。甄寶玉雨零風細夢回時，多少傷心事。柳湘蓮鐵石人。秦鍾未語人前先腼腆。蔣琪官解舞腰肢嬌又軟。冷子興這人一事精百事精。孫紹祖發村使狠甚的是軟款温存。焦大惡語傷人六月寒。包勇有勇無慚。若烟没顛没倒。潘又安死則同穴。王仁甚姻親。張道士諸檀越盡來到。倪二今宵酒醒何處也。張華展污了姻緣簿。張友上醫可病懨懨。王作梅一天星斗煥文章。稽好古知音者。曹雪芹有千種相思對誰説。雲兒桃李春風墻外枝。大觀園有幾多六朝金粉，三楚精神。省親別墅碧琉璃翠烟籠罩。嘉蔭堂畫堂簫鼓鳴春晝。大觀樓倚欄杆極目行雲。綴錦閣兩邊是孔雀春風軟玉屏。怡紅院脂粉叢裏包藏着錦綉。瀟湘館疎竹蕭蕭曲檻中。蘅蕪院温潤有清香。稻香村禾黍秋風。藕香榭嫩緑池塘藏睡鴨。紫菱洲對菱花樓上晚妝罷。秋爽齋天際秋雲捲。暖香塢寶鼎香濃，綉簾風細，緑窗人靜。梨花院門掩了梨花深院。櫳翠菴珠圍翠繞。紅香圃柳遮花映。凸碧堂月色橫空，花陰滿庭。凹晶堂月明如水浸樓臺。蓼風軒點着苔白露冷冷。埋香塚落花滿地胭脂冷。蜂腰橋躧着脚步兒行。沁香閘花落水流紅。雖屬游戲，頗見匠心。

霋見古《三墳》，偃、涌、踓、䮾、斷、閜、臭、巎、
燒、崗、趬、幓、徽、糭、淡、桒、鼅、璃、環、笥、
繽、韜、蘭、遵、蚩、鰊、玻俱見《穆天子傳》，敇、鼜、
橐、驟俱見《石鼓文》，庫見《山海經》，籍見《山海經》郭註，
樏見《爾雅》，歆、瑝、瘱、鱸、弦見《汲冢周書》，剬見《國
語》，訬見《戰國策》，瑱見《世本》，匇、塪、浰、緄、輩、
軻、韓見《管子》，臭見《管子》註，劙見《荀子》，窚、糋俱見
《韓非子》，刉、鏐俱見《吳越春秋》，舑、窊、茬、齝、轀、
轐、鎗俱見《呂氏春秋》，徽見王逸《九思》，鯀見漢《鐃歌》，
偡、劋、馘、裂俱見《鶡冠子》，麟見《列子》"雜俎"①，緲見
《淮南子》，脆見師曠《琴經》，挾、膰、餧、餚、釀俱見《西陽
襍俎》，秎見《方言》，脼、榌俱見東方朔《神異經》②，纍見東方
朔《罵鬼書》，猛見《漢王子侯表》，伃、劀、櫶俱見《太玄③經》，
榰、迥俱見揚雄《蜀都賦》，甪見《孝經》鄭氏註，餋見《尚書大
傳》，鷘④見枚乘《菀園賦》，馳見《論衡》，摤見馬融《棋賦》，
僵見《元子》，趨見劉向《請雨賦》，劇見《十洲記》，珸見《述異
記》，餬見段成式《食經》，嵩見《謚法纂》，俎、縣見《路史》，

①　《列子》並無"雜俎"篇。《康熙字典》云："麟"字見於《劉
子雜俎》，而此書未見於歷代著録。惟明劉鳳有《劉子威雜俎》庶乎近
之，然亦未見此字。疑莫能明，謹識以待考。
②　"脼"，字未見於《神異經》，而見於《管子》卷十二《侈靡》
篇。
③　太玄，原作"太伭"，據揚雄《太玄經》改。
④　鷘，原誤作"餋"，據佚名《古文苑》卷三改。

髶見浮邱伯《相鶴經》，㶚見《洞冥記》，俊見《毘陵志·漢司農劉
夫人碑》，㤪見《博古圖·周敦敦銘》，𢧐見《寅簋銘》，襀見《太
公碑》，𨖷見《考古圖》，鈝見《團准父卣銘》，𠨷見周《泰山碑》，
武后製，𧵳、𢎥、𪀁、𤞞、𥼶、𥪐俱見《泉志》，𥸮見《天官
占》，𥥍見《石林燕語》，屳、鏈見郭忠恕[①]《佩觿》，僬、犴俱
見《印藪》，𠆢見《佩觿辨證》，苰見《安南志》，𠄎、𠃐唐武宗
製，僵見《瀛州勝覽》，𡇌、浒、𡥈俱見《談薈》，喔見巢氏《病
源》，𤛮見《廣雅》，姃見《駢雅》，宰見《翻譯名義集》，𠃬見
《神書》，橌、㟼俱見《水經註》，𧴪見《白玉蟾集》，梀見《宋類
苑》，㰅見王延壽《王孫賦》，茳見劉子政賦，猵見《貴耳集》，璕
見劉歆[②]《遂初賦》，旪見《五音篇韻》，盫見《星槎勝覽》，觟見宋
《三朝政要》，芅見繆襲《尤射》，蚶見顧氏《談略》，臀見王延壽
《夢賦》，逹見《毘陵志》，醹見劉邵《人物志》，鵨見江暉《亶爰
集》，𪖕見《說郛》，柌、浿、韼俱見《真誥》，匭見《文獻通考》，
灵人名，𢶍阿𢶍，元人名，簫宋人名，𣥴地名，眯梁時人名，蔓宋
人名，輡同上，傃人名，峼、𡼐、嵗、嵩、岎俱見《五岳真形
圖》，𡐧、𡓅、𡑞、𡑗、𤏸、𧇀俱見《三尊譜錄》，嶜見《太清
金液神氣經》五岳姓名，巇、嶪、𡹔、𡺴、嘗、嶵、棠、岜俱見
《神氣經》，蚕見《道莊》，悲見《道經》，畔見《佛經》，水名，眧
見《智度論》，𠫓見《佛經》，°°°、二、三、⺉、𤰔、𢪀俱見《指
月錄》，蔬見《齊民要術》，糉同上，俱有字無音。

① 恕，原誤作"怒"，據郭忠恕《佩觿》改。
② 劉歆，原誤作王孝，據佚名《古文苑》卷五改。

香山鄧蔭泉中翰大林，闢杏林莊於珠江之南，實未嘗有杏也。道光乙巳，何靈生孝廉自京師歸，貽杏一本，種閱五載，花始發，遂治酒招同人賞之。番禺陳棠溪儀部其錕有"聘得金臺第一花，種來香國當三月"之句。粵東數千百年未聞有杏花，今始見之，不獨異事，亦盛事也。

廣陵俗尚瓶花，有專爲富家主其役者，歲得錢萬許。餘姚陳一齋梓《插花歌》云："種花不如插花好，種花人多插花少。插花人巧奪天工，百瓶百樣無雷同。豪家軒宇羅供養，水晶玻璃疊洗盎。梅花蘭菊松柏荷，風光四季占不多。要令邊徐折枝畫，合款成圖入窗挂。誰誇能事插花仙，歲博青蚨幾萬錢。我來借問插花者，眼中興廢誰多寡。去年堂上繁蕊紅，今年冷落生秋風。今年堂上覆芳燦，昨歲罍空塵滿案。人間榮瘁了無憑，高岸爲谷谷爲陵。歲歲開花花不惡，只恐插花瓶折脚。"此詩足補花史傳贊。

梨園所供奉之神名曰老郎，不詳其所緣起，或云後唐莊宗即神也。吳江郭頻伽茂才麐詩云："院本流傳已莫詳，云誰主者總荒唐。奇兒死入伶官傳，才子生裁協律郎。自注：長吉官協律郎。世事百年同勾隊，文章一代遞登場。老夫合遣群公笑，只識臨川玉茗湯。"

《隨園詩話》載：江寧徐爽亭者，能詩，有句云：
"造物與閒還與健，鄉人知老不知年。"按此聯乃陸放翁
《村居》詩也。仍作還，僅易一字，攘爲己有，得無爲識
者所嗤耶。

朱錦山者，烏程人，能陳二十四種樂器於前，以口
及左右手足動之，皆中節。又能奏各種曲，間以拇戰等
聲，亦臻其妙。舊嘗給事故相邸中，將敗，先一年辭去。
還吳興，仍藉素業餬口。趙味辛司馬嘗遇於湖州郡齋，
即席作歌贈云："長檠高張月正午，太守開樽謝歌舞。何
人奏技向筵前，一藝能兼衆長取。是時寂無談笑聲，座
上客皆傾耳聽。忽然悲笳迸空出，雜以金鼓鏦然鳴。此
時無論絲與竹，直併百骸歸手足。又喜無論宮與商，盡
收萬籟藏喉肮。乍如競渡中流戲，東舫歌殘西舫繼。已
覺前行聲漸遙，旋驚後隊紛謹詖。俚曲盲詞無不擅，耳
畔又疑爭拇戰。五花八門信足迷，貫蝨承蜩知久練。自
言少入悦生堂，給事雖叨眄睞光。早識冰山難倚仗，預
歸故里獨襄羊。挾技營餐聊自便，山郭水村游跡遍。亦
有朱門倖免人，繁華夢裏誰先見。"此與粤東鑼鼓三可謂
無獨有偶。

吳縣潘芝軒相國世恩藏有漢甋硯一方，舊有文曰"功
曹傳送壽貴"，篆與五鳳甋相類，遂定爲漢代物。按，六
壬書十二支神，寅曰功曹，申曰傳送，甋本出自古冡，殆

爲卜葬日時耶？壽貴，想當時祝辭耳。

南海桂星垣太史_{文耀}，余僚婿①笙陔司馬尊甫也，釋
褐歸娶，時牓其門云：“秋進士聯春進士，大登科後小登
科。”人豔稱之。按明陳員嶠_{泰來}年十八舉於鄉，十九釋
褐歸娶，賜內府金花燈籠。知平湖事劉抑亭贈以對聯云：
“秋進士聯春進士，大登科後小登科。”太史蓋用其語。

瓊卿，珠江女錄事也。幼鬻某爲婢，長成適某氏。
未幾，某以大盜株連，被逮。姬盡罄所藏，百計營脫，
未足，遂賣身落教坊籍以完之。及某出，而姬已琵琶淪
落矣。番禺金薇軒_{文垣}句云：“贖得檀郎歸去日，不辭辛
苦背前盟。”悲之乎？抑惜之也？

平陽濮栩生者，都門之賞鑒家也。有金石書畫癖，
間於小市敗紙堆中得敝聯一幅，句云：“竹聲爽到天”，
筆致飛舞，爲家文正公_{元璐}手筆，印章題字，真跡無疑。
然雙幅不完，以廉值得之。時故輔松湘舫相國養疴西城，
濮以素縑求松補其出聯。松許之，大書“酒浪釀于雨”
五字，并識其收拾之因緣，約五十餘字，飛灑奇古，與
文正公真相伯仲。在琉璃廠裝裱，觀者如堵。高麗貢使
鄭元容願以二百千購之，濮吝勿許也。

---

①　僚婿，姊妹之夫相稱爲僚婿，即俗稱連襟。

蒋苕生《臨川夢》院本，内"隱奸"一齣，刻意詆毀陳眉公[1]，出場詩云："妝點山林大架子，附庸風雅小名家。終南捷徑無心走，處士虛聲儘力誇。獺祭詩書充著作，蠅營鐘鼎潤烟霞。翩然一隻雲中鶴，飛去飛來宰相衙。"番禺葉蘭臺太史衍蘭謂此詩非詆眉公，實譏袁子才也。所説未足爲據，然詩中神氣頗相肖。

唐俊公榷九江關，客有投詩者，輒免其税，名曰"税詩"。山東孔琢齋少尹毓璋過蕪湖關，有句云："試向山亭詢舊例，新詩應税幾多錢。"税詩二字甚新。

花柳中最易染疾，海寧祝望若潛客韓江時，友人某患楊梅瘡，祝爲詩嘲之云："逢人莫再説潮州，一度牽纏百度愁。本道神仙能洗髓，豈知賓客慣焦頭。粟肌頻見珍珠进，花樣仍如玳瑁浮。羨煞麻姑好手爪，倩搔此背可風流。"好爲狎邪游者，誦此當知返矣。

徐鐵孫觀察嘗道出河間，宿二十里鋪，見壁間有詩云："暮烟茆店駐征車，滾滾驚埃日易斜。詩壁拂塵鈔賸草，歌錢隨例乞閒花。客愁入夜常依枕，短夢驚寒未到

---

① 陳眉公，指明代文學家陳繼儒，號眉公，江蘇松江人。諸生。隱居崑山，杜門著述，名重一時。屢奉徵召，皆以疾辭。著有《眉公全集》。

家。苦被雙贏催促去，又披星露踏風沙。"款題拜夢生，不知是何許人。

《玉堂閒話》載：范質夢一胡孫甚大，又有人以朱筆點頭。九經蔣之才占之曰："君中第三人矣。"蓋以胡孫之大者爲猿，算法圓三徑一，而朱點則事分明也。此於占夢甚拙。因憶孫子瀟太史於嘉慶乙丑會試中第二名，會元爲胡敬，總裁官則朱石君閣老，似與此夢遙合，故特表出之。

順德梁福草比部九圖，青厓中翰猶子也。僑居佛山，家有竹石亭臺之勝。咸豐丁巳仲冬，余避亂佛山，承留寓汾江草廬，蕃榻融樽，極盡東道之誼，并賦詩見贈云："柳禿堤敧長綠苔，柴門長掩不輕開。豈知佛地遭殘後，還有詩人避亂來。四壁未泥聊下榻，一家無恙且銜杯。愁中合作閒中看，明日東園共訪梅。"流離奔走中得此賢主人，良不易也。

瀋陽樊昆吾上舍封，負其才氣，有不可一世之概。初爲諸生，試經古誤坐他號。傅石坡學使棠訓之，不服，以藐視師長斥革。後傅卒於任所，樊爲文親往祭之。或謂其矯枉過正，樊曰："此生平第一知己也。"其好奇多類此。

香山黄香石師培芳《都門偶書》云："看山忽復到金臺，温飽無心索米來。小住長安驚歲月，吾門魁鼎已三回。"注云："庚辰榜眼許乃普，壬午探花羅文俊，皆余門生。今癸未殿撰林召棠又出乃普門下。"此與阮文達公詩"若從師友掄魁鼎，門下門生已六回"，正復相似。

番禺朱貞木茂才未游庠時，嘗援例爲國學生，名朝桂。後改名朝楨，復應童子試，遂獲售。群起訐之。時督學爲姚文禧公，愛其才，竟置不問。覆試經題曰"今爾何監"，可謂詼諧入妙矣。

洪稚存嘗以言事獲罪，初擬斬立決，親友咸詣獄哭唁。洪反慰之，口占一絶，末二句云："丈夫自信頭顱好，須爲朝廷吃一刀。"聞者破涕爲笑。

海山仙館在荔支灣，番禺潘德畬方伯仕成別墅也。門外有楹帖云："海上神山，仙人舊館。"集句極自然。聯上並無款識，或謂孟蒲生孝廉所撰。

李紫黼學博嘗語余曰："子路問津一篇，已開《桃花源記》之先聲。春風浴沂，已創蘭亭會之韻事。後人習焉不察，遂被陶、王二君瞞過。"此語未經人道。

歸安沈榆村大令作霖，乾隆壬申進士，工詩，阮文達公嘗採入《兩浙輶軒錄》。其全稿未梓，尚藏余家。五言如《閱江樓》云：“江天窮遠勢，海日淡高秋。”《玉乳巖》云：“源泉不受雨，陰壑自成冬。”《簡施東淶》云：“傲骨貧逾挺，名心夢也無。”七言如《夏日偶成》云：“濃柳池塘拳鷺立，綠槐門巷乳鴉翻。”《早發瀏河渡海》云：“五更日月光來往，萬里江河勢吐吞。”《題夏日攤書圖》云：“清吟應惜三竿日，長晝堪消四庫書。”嘗鼎一臠，可知味矣。

吳縣惠半農侍讀士奇督學粵東，以經學倡。任滿還都，有《留別粵東人士》告示云：“三年已逝，正氣常留，一官雖貧，多文爲富。顧明倫在乎講學，興行本乎讀書。學之不講，是吾憂。書何必讀，惡乎侫。賈山涉獵，豈曰醇儒；谷永繁疏，詎能方物。才如子駿，猶自溺於機祥；辨若康成，未免惑於圖讖。猥云步亦步，誰證群言；孰是醇乎醇，斷歸大雅。二禮乃一朝之會典，損益可知；三傳爲列國之編年，異同互見。豈宜束之高閣，猶當置在巾箱。自昔名儒，各守通經家法；從來科舉，尤多謬種流傳。勿棄程朱之詩書，專信高頭說約；無廢漢唐之注疏，但觀近代講章。使者切切提撕，無異逴人之振鐸；諄諄告誡，有如戒律之浮屠。爾多士果能居今稽古，明珠翠羽，個個席珍；鶴蕊鶯英，枝枝擢秀。恭逢皇恩廣額，聖代掄英。網不盡之珊瑚，更取歲科兩試；栽無形之桃李，居然文武兩員。所謂鷹隼逢秋，蛟

龍得雨者也。若夫玩時愒日，是謂無能；蕩檢踰閑，豈
非不肖。正宜三居定罪，二物收威。然而鹽可洗金，醜
能變好；石堪砥玉，蠧亦成良。與其執法以相繩，孰若
返觀而自化。故枳棘不棲鸞鳳，泮林未絕鴟鴞，使者所
以急於求才，而緩於黜惡也。從此學如不及，日進無疆。
張曲江之風度猶存，能無興起；邱瓊山之典型如在，尚
可追攀。朂哉，爲異日期；行矣，與諸生別。去如初至，
行炭穴而不緇；久乃益堅，酌貪泉而自潔。清夜之捫心
不媿，下車之立誓依然。莫笑囊空，貯滿嶺南名秀；休
言清宦，採來海外文章。此日心旌，方搖曳於龍樓鳳閣；
他年魂魄，定往來於梅嶺珠江。"公去今幾百年，粵人思
之不置，設木主配食先賢焉。

　　咸豐丁巳，越南國陪臣鄧廷誠奉其國王命來粵東采
買書籍，余遇之友人座上，語余曰："吾國中有某翁，年
六十餘，孿生兩子，五歲以聰慧聞。"國王召見，出對
曰："一胎雙生，難爲兄難爲弟。"甲應聲曰："千秋奇
遇，有是君有是臣。"國王大稱賞之。

　　七夕，七日之夕也。粵俗以六日之夕陳瓜果乞巧。
番禺黃春帆孝廉位清填《瀟湘靜》一闋云："西風吹動梧
桐影，早觸起、癡情兒女。銀河清淺，一年一度，想幾
經延佇。巧欲乞天孫，更代乞、佳期先與。樓頭針線，
筵前瓜果，試聽那、喁喁語。　誰識衣裳頻繡，有嬋娟、

年年獨處。慵拈①弱縷，蛛絲縱縮，轉令添愁緒。紅豆屬雙星，又怕被鷄哥喚取。人間都使，娉婷早嫁，天心可許。"番禺范君喬孝廉如松嘗依韻和云："玉鈎遥掛長空碧，正紛紛、歡迎神女。裁紅剪翠、鏤冰刻雪，向星娥凝佇。天上定佳期，却偏是人間賜與。鍼兒漫引，裙兒漫理，總不辨、低頭語。　此夜雲凉露冷，笑牽牛、依然獨處。明宵準備，天涯人近，多少閒情緒。料得別經年，都拚作、今宵支取。鈿車未駕，玉梭漸歇，靈犀暗許。"按，乞巧用六夕，始自唐末五代時，見《容齋隨筆》。

清明上河圖相傳摹本互有詳略，以演丑驢雜劇者爲佳，蓋譏林靈素也。海寧周幼圃茂才利親嘗有題圖詩云："妙繪難從東武尋，流傳摹本重兼金。誰知藝事存規諫，下降仙卿記姓林。"非苟作也。

某嘗自出成句曰："新月如船，滿載桂花，撑入銀河七姊買。"募能屬對者，厚酬之。久無一應。後扶鸞乩爲對曰："明星布局，變爲棋子，攜歸玉洞八仙敲。"按，織女粵人呼爲七姊。

陸生志道，鎮海人，姿禀穎敏，工於屬對。九歲應童

---

① 拈，原作"枯"，與上句意未洽，依文義改。

子試，邑宰奇其幼，語之曰："鎮海縣，童生九歲。"生應聲曰："大清國，天子萬年。"宰益奇之，攜至燠閣，飲以茶，曰："呼爾喫茶，連步可登麒麟閣。"復應聲曰："對廷染翰，何年得到鳳凰池。"僅補博士弟子員而卒，年十有五。神童無大年，良可惜也。

長白鶴壽仙春，通才多藝，尤能辨別古器，所蓄金石法物，可盈一庫。嘗以明季時大彬手製宜興瓦壺一具贈李匯川上舍。壺作紫砂色，圓長如箭，旁刻一耕夫，攜一小兒。有草書十字云："負耜而行道，凍餒而守仁。"畫筆書法皆遒雅可喜，然不知二句出何書，偶舉以示曾勉士學博。乃曰："此《大戴記》'曾子篇'語爾。"因歎昔人製一玩器，皆博雅若此。

歙縣許詠亭侍御球，道光癸巳分校春闈，一甲第二三名曹履泰蔣元溥皆出其房，而第一名汪鳴相亦為壬辰典試江西所得士。都下有"一歲兩差三及第"之句，是亦科名佳話。

道光丙午，張南山師聽松園落成，大宴賓客，陳蘭甫學博即席為撰《聽松園記》云："南山先生聽松園落成，招客游焉。相與登烟雨之樓，眺海天之閣，長歌草堂之上，列坐松廬之下。客有搜求故實，揚搉風流，以為玉川破屋，是稱窮士之廬；金谷名園，乃曰豪人之室。

裴公綠野，位極台司，賀監鏡湖，志棲方外。四端舉例，無當斯園，儗諸其倫，惟近代之隨園乎。是有三同，請陳其略。夫其按轡文場，導源筆海，學成麟角，詩富牛腰，託名山以藏書，抗白雲而寫志，故能使亭軒流韻，林壑增輝。訪王官之谷，必佇想於司空；叩孤山之居，亦流連於和靖。此一同也。露冕觀風，隨車降雨，鮑昱則號爲神父，沈憲則本是天才。然而厭讀城旦之書，愛披逸民之傳，早投手版，自拂農衣。涉彭澤之園，猶存松菊；泛元真之宅，大有烟波。此二同也。商山綺季，甚偉鬢眉。絳縣老人，誰知甲子。然猶耳聰辨鐸，步健當車，能作驒士之細書，不飲張蒼之乳汁。故知家臨菊水，信可延年；宅有丹砂，自然長壽。此三同也。客之言未及終，有儳言其間者曰：若客所云，殆知其同而不知其異者也。敢竭愚心，更陳異撰可乎。隨園方飛梟鴞，預築菟裘，弦歌爲三徑之資，栽種費十年之事。雖五斗米折腰，淵明已懶；而一百萬買宅，季雅偏豪。先生則賦就懷田，居仍賃屋。不問主人而看竹，且與彌勒而同龕。小蓬司馬以負米之力，結搆林巒；以舞綵之歡，潤色花竹。喜萬石之無恙，對曾晳以有餘。遂令禽向畢婚嫁而游，始信巢由不買田而隱。此一異也。隨園以青門之故侯，慕華陽之真逸，家留鍾阜，目極錢塘。雖清風朗月，可寄相思；而草長鶯飛，能無惏恨。夫鼓琴者必操土風，衣繡者思歸故里，先生本曲江華胄，爲珠海老漁。眺北郭而館啓雲泉，住南園則濠通清水。茲焉小築，

密爾衡廬。寺門松古，叩達岸之禪關；河畔雪飛，近孝
元之故宅。是則童時游釣，楊巨源娛老之鄉；頭白歸來，
李太白讀書之處。此二異也。隨園太邱道廣，元龍氣豪。
人艷神仙之舟，門多長者之轍。未免旄端馵驥，劉孝標
所謂談交；劍几麒麟，杜子美猥云義取。先生履道坦坦，
琴德愔愔，亦何嘗顏闔鑿坯，崔駰掃軌。然而陸大夫之
宴喜，諸子傳餐；揚子雲之草元，門生載酒。又何必文
章諛墓，竿牘疲神。是以灌園種樹，潘安仁竟可閒居；
釣鯉弋鴻，仲長統偏能樂志。此三異也。隨園際庾信之
暮年，似商瞿之生子，當其著山栖之志，搆天隱之居，
猶慮崔曙星孤，林逋鶴瘦。先生則乘福戴喜，公悅嫗歡，
方老子之婆娑，見郎君之官貴。汾陽眉壽，不辨群孫；
安石功名，但云兒輩。況復白太傅甫開七秩，陸放翁已
見曾孫，莫不驥子誦詩，虎兒學畫。遂使碧梧翠竹，皆
成家慶之圖；月觀風亭，盡是吉祥之室。此四異也。至
世之譏隨園者，以爲綺語墮泥犁之獄，閒情爲白璧之瑕，
既自踰其德閑，且恐導夫慾海。以視先生維摩丈室，絕
少姬姜，謝傅東山，惟聽絲竹，尤不可同年而語者也。
先生於是听然而笑，顧謂陳澧曰：二客之言則辨矣，子
盍記之。於是酌我以葡萄之酒，授我以桃花之牋，四座
勿喧，三辭不獲。王維別墅，裴迪相從賦詩；沈約郊居，
劉杳公然作贊。"學博名澧，番禺人，學問淵博，無所不
精。此記一時羊城爭相傳誦焉。

　　常熟蔣伯生大令因培，語喜詼諧，罷官後來粵東，就蔣礪堂相國之召。相國偶語蔣氏宗派，答曰："蓬蓽安敢妄附華胄，相公乃《水滸傳》中蔣門神之苗裔。若鰍生者，實《金瓶梅》內蔣竹山之後嗣也。"相國大笑，不以爲迕。後相國總制三吳，以譴責歾於秣陵，客散賓逃，喪輀致無人莫唁。大令內不能平，爲聯以弔之云："門前但有青蠅弔，冡上行看大鳥來。"論者以爲語雖太激，然實典切也。

　　亦菴和尚，浙之烏程人，乾隆末寄錫羊城之藥王廟。戒律堅定，人咸供養之。師於梵課餘亦喜作韻語，聞樊昆吾上舍述其二絕句云："小住浮提野樹灣，七斤衫帶定香環。蘋婆落盡梧桐乳，雲水緣慳鶴自還。""說到風旛大法同，漫天香靄月澄空。詎知窾要無多語，祇在酣眠快嚼中。"師後坐化於廟，頗著靈蹟云。

　　藤縣女録事阿鳳，本姓甘，鴇母黃絶憐愛之，因隨其姓焉。生平不輕見客，藤之惡少咸欲以威劫之，遂避於梧江某戚家。抑鬱成疾，卒年十八，猶依然處子也。葬於浮金亭側，一時弔之者甚夥。蒼梧區晴崖茂才搏有"怪他名阿鳳，羞作野鴛鴦"之句。美人無白首，吾不能不爲之三歎。

　　醉僧依山，不知何許人，恒挂褡羊城之薩阿寺，高談雄辯，清論時聞。精風鑒之術，於寒儒中識桂星垣官可觀察，於偏裨內知張翰生位可都督，價重一時，以故戶外屨恒滿。吳門顧仁舫者，贈以一聯云："野言山貌豪門客，秘計陰謀退院僧。"說者謂上句畫出依山之狀，下句指出依山之心。文士用筆深刻，可不畏哉！

順德胡紹元廷梁輯廣東名媛詩，內選翔風荔枝詩有"休言妃子當年笑，愧煞長安走一騎"句，注云："翔風，綠珠弟子。"夫翔風晉時人，與唐年代相去甚遠，安得用天寶時事。舛謬至此，殊可發笑。

嘗聞形家言：廣州六榕寺浮屠之頂，倘有摧折，兆主城破云。不知是語出何載籍，本不足辨。咸豐丙辰七月十三日戌初，塔頂之寶珠爲風所折，人心惶惑，憑形家之說，慮有兵戎也。是年十月，英吉利果內訌，環攻逾百日，不克而退。至次年十一月，糾合法蘭西諸夷，以詭謀襲踞羊城，僉謂形家之言驗。余嘗偕樊昆吾上舍同詣六榕寺庫，得觀其寶珠上有刻字云："宣和六年甲辰修理"，又"紹興癸酉重鍍寶珠"，又"大元至正十八年戊戌鑄造桐杜"，"開慶己未再修"至"明萬曆四年丙子重鑄寶珠"云云。是塔之寶珠摧折、更換，由宋至明凡五六次。以史考之，數年內廣州別無破城之事，其誣妄已可概見。客歲不幸而偶中，遂津津以形家之語爲信據，烏乎可！

　　畫師朱野雲者，遨游京國，出其翰藻，傾倒一時。然高裾大屐，絕不作幕賓態。與龔定菴舍人稱莫逆。龔以清狂著名，朱贈以聯句云：“田蚡罵座非關酒，江斆移牀那算狂。”龔不以爲迕，懸諸廳事。徐垣生太史語人曰：“入門觀聯，便知是定菴之家。”

　　正月十七日，余例爲家雲林先生祝生日，刻有雲林生日詩。今春避亂佛山，集順德梁雑舫茂才^{思溥}群星草堂，懸像拜祝，會者十人。茂才詩云：“我與稱觴會，君來避地時。臨風仰高節，刻日賦新詩。奇石慚師子，^{自注：諸君譽敝園石可匹獅子林。}名香爇女兒。^{自注：是日以女兒香作供。}他年仍供養，何處卜林池。”五六一聯，師子、女兒，可云巧對。按，《爾雅》“釋畜”，獅作師。

　　昔京師有某爲騾行牙人①，以附勢致富，盛飾屋宇，落成宴客，壁間有孔竇。客怪之，或告曰：“此手腳眼也。”蓋工匠升降緣附手腳處。時宋荔裳觀察在座，戲應之曰：“吾有的對矣。”衆詢之，乃“頭口牙”也。一座粲然。然更有巧者，果益亭宗伯善射，與僚友射鵠，矢無不正中羊眼者。^{鵠的正中一點，號曰金羊眼。}京師稱爲“果羊眼”。有某鉅公戲語人曰：“我有工對，勝荔裳十倍。”

---

　　①　牙人，即牙子，是居間買賣的人。

衆詢之，答曰："草雞毛。"蓋都門於市井①之白賴無恥
者，稱爲草雞毛。某公蓋以此儷宗伯，然鄰於謔矣。

漢軍慶蕉園將軍保，誕辰在中秋日。鎮廣州，值七
旬壽日，屏幛盈座，頌禱諛詞，備極精好。嚴厚民杰時
居羊城，與將軍有舊。是日以赫蹏牋用宋體書一聯以獻
云："上古大椿長不老，小山叢桂最宜秋。"將軍大喜，
懸之上清，話賓朋曰："厚民經師也，以莊語晶予。"

咸豐丁巳冬，英吉利竄入廣州，萬民蕩析離居，珠
璣玉帛，委擲求售，而好事者每以賤值得之。揚州謝蘭
友少尉奎於西市購得墨刻十本，皆鐘鼎鏡硯之銘贊，離
奇古奧，不可名狀。余尤愛其一鏡，背銘曰："鏡焉作，
自尚方。銅焉產，自丹陽。觀其寶，觀其藏，延年益氣
樂且康。芳名寶鏡俱未央。"字作大篆，文詞斐美，視
《嫏嬛記》所收之鏡銘，有過之無弗及也。少尉尚有鼎銘
二，篆法太奇，頗不易識。

---

① 市井，原作"市也"，據文義改。

卷　五

　　襄平蔣礪堂相國攸銛，道光乙酉入贊綸扉，於故簏中檢得卷面浮籤一紙，蓋乾隆戊戌初應童試物也。其時公年甫十二，即入泮，至是恰五十年矣。公裝池端好，遍徵題詠。安化陶雲汀中丞澍句云："圖披中秘府，事補大羅天。"一時傳爲佳話。

　　阮文達公平蔡牽，得其兵器，悉鎔鑄秦檜夫婦鐵像，跪於岳忠武廟前。好事者戲撰一聯，製兩小牌題之，作夫婦二人追悔口吻。其一繫秦檜頸上，曰"咳，僕本喪心，有賢妻何至若是"。其一繫王氏頸上，曰"啐，婦雖長舌，非老賊不到今朝"。公謁廟時見之，不覺失笑。

　　會稽商寶意太守盤嘗製小舟，卷軸壺觴悉具，坐臥其中，名曰"江湖載書屋"。自題四絕云："欸乃聲中得好懷，飄然宮錦落江淮。不須更倩歐公記，別樣烟波畫

91

舫齋。"結習多生未易除，要從文字悟真如。五湖却笑
鴟夷子，但載娉婷不載書。""青簾翠被儼行庵，楚尾吳
頭路久諳。春雨春風透篷罅，杏花芳信夢江南。""舉扇
年年障庾塵，肯教纖細點吟身。相逢鷗鷺休迴避，我是
江南舊散人。"覺書畫舫後又添一詩料。

咸豐丁巳八月六日，余於羊城小市購得古硯一方，
修廣約六七寸許，蓋明陳文恭公故物也。沿左邊至頂刻
有銘曰："玢豳淨理，予懷清澄。古芬中發，造化良能。"
後又有"成化十五年春月，白沙銘硯"十一字。余作匣
藏弄，並擬仿小長蘆叟詠玉帶生故事，招名流賦詩以
張之。

王文端公生平不許子弟與寒士競進，故身前止有蔭
生，絕無登甲乙榜者，與宋王文正同意。歸安楊拙園明
經知新詩云："韓城子弟無科目，聞道才華擅藝林。不與
寒門爭進取，一端已見古人心。"非虛譽也。

番禺陶蓮生茂才克勤與女錄事小姑厚，姬不索其值而
矢以身從。陶輒支吾其詞。姬竟飲鴆死，葬廣州城北小
西竺山。好事者每携清酒酹其墓。番禺許青皋茂才鍰春
游句云："日斜不見真娘墓，踏遍萋萋野燒痕。"即指
此事。

　　嘉慶時，大中丞董冠橋巡撫粵東。廣州有洋商某，素不謹，歿後其子賂其所親爲之呈請從祀鄉賢。董遽以入告，輿論譁然。劉三山孝廉刊刻《草茅坐論》，遍告同人，起而攻之。劉訟卒申而吏議論褫。劉没之日，王笠舫大令軾以楹帖云：“草茅坐論成千古，文采風流少一人。”不作一激揚語，恰肖劉之爲人。

　　漢軍徐鐵孫觀察榮道光丙申計偕入都，四月八日納姬旅舍，甫入門而南宮報至。黃香鐵學博贈以詩，有“報他桃李一齊春”句，因繪桃李同春圖以紀其事，一時爭相題詠。余最愛周嘯湄學博一絶云：“題名人即畫眉人，真箇生花筆有神。多謝東皇能解事，兩番春作一番春。”

　　國朝二百年來定海無成進士者，始自陳應三慶槐。臚唱日，陳口占云：“瓊林軼事少傳聞，鄉國難徵獻與文。一夜春光度蛟水，杏花紅過海東雲。”

　　順治戊戌，是科翰林有兩陳敬，一順天通州人，一山西澤州人。山西者，奉旨加一廷字。

　　大興舒鐵雲孝廉位嘗游雲南五華山華國寺，後有樓相傳爲延陵①故妃圓圓妝閣。寺僧引登，見美人小影一

━━━━━━━━

　　①　延陵，延陵是吳姓的郡望，此處借指吳三桂。

幅，蓋圓圓像也。舒題一詩云："武安席上事如何，玉帳
秦川夜渡河。豈有佳人難再得，可憐朝士已無多。黃塵
燕市三軍淚，青史吳宮一曲歌。至竟桓溫老奴子，五華
縹緲睇雙蛾。"按圓圓出家蛾眉，見機獨早，留影而去，
豈寓拈花微笑之恉耶。

王笠舫大令選武宣令，行有日矣，招同人集戲園大
合樂，爲言官彈劾，遂罜吏議。同年閻魯翼戲贈以詩，
有"可笑同年王笠舫，縱然得罪也風流"之句，與秋谷
老人正復相同。

《隨園集》中有"歌脣時帶讀書聲"句，一用之於
《李郎曲》，一用之於《贈歌者曹郎》詩，原非絕妙好
詞，重用竟不自檢。

南海譚玉生學博瑩，少工駢體文，嘗爲越秀山寺僧
撰精舍小記。僧粘之壁上。時阮文達公督粵，正月二十
日爲公生日，厭僚屬祝嘏之煩，避之寺中。見壁上文，
擊賞數四，詢僧，知其姓名。時譚方應邑試，明日公語
邑令某曰："邑有譚生者，工文，君知之乎？"令謝不知。
遂請問生之名。公笑曰："我非請託者，君暗中摸索可
矣。"令還，閱諸童文，得學博卷，喜曰："阮公所言者，
必此人也。"遂拔之冠軍。譚謁令，詢何由受知阮公。譚
茫然莫測所由，漫應曰"唯唯"而已。後見山僧，乃知

其故。譚之能文，公之愛士，誠藝林之佳話矣。

白雲山爲羊城第一勝地。半山新構小亭，爲游人停憩所，某撰楹帖云："上方月出初生白，下界塵飛不染紅。"見者歎其工切。

江山船婦相稱皆曰同年嫂，蓋業此者皆桐廬嚴州人，故名桐嚴，曰同年，字之訛也。舒鐵雲孝廉有詩云："只知蘇小是鄉親，誰識嚴陵亦故人。宋嫂羹湯調自好，吳娘歌曲聽難真。紗窗掩雨眠雙槳，羅襪裁雲印一塵。惆悵芳年有華月，幾錢能買此青春。"真絶妙才人詩料。

王伯蒼者，逸其里居，嘗在臺灣爲賊所困，濱死者屢，間關得脱。初，王喪耦，父母爲議昏錢氏，王在閩，不知也。及爲賊所困，武舉某實藏護之，遂以女甥許嫁，歸迺立娶焉。趙味辛司馬填《賀新郎》一関云："天上三星大，正人間、梅花放蕊，燭花成朵。那識王郎歸萬里，滄海已曾經過。容易得、鸞凰聲和。踏遍蛟潭辭虎穴，畫眉人聽説眉應鎖，先酌酒，自稱賀。　尹邢畢竟誰爲左，想深閨、調停不費，自然安妥。大婦温存中婦謹，厨下羹湯爭作。早佳話、姻朋傳播。此日肩隨同問寢，看明年又産珠雙顆。湯餅會，可邀我。"

蔡春帆太史罷官歸里，道光己酉正月三日招集里中舊游，文酒竟日。客去登樓，無疾而逝。説者謂其前年題呂仙祠楹聯云：「因果証殊難，看殘棋局光陰，試問轉瞬重來，幾見種桃道士；黃粱炊漸熟，閱遍枕頭世界，樂得飽餐一頓，做成食飯神仙。」竟成語讖。余謂聯語誠佳，特惜黃粱入夢之盧生，是開元間人，純陽係咸通進士，上下相去百餘年，安得授之枕頭哉！蓋邯鄲所遇，別一呂翁也。然傳訛久矣。

高要黃琴山觀察德峻，嘗於都門琉璃敞肆購得文待詔手札一紙，諦視署款，則琴山也。札中引用之語，亦皆叔度故實，喜而賦詩云：「我屋公墩本偶然，風流佳話至今傳。豈知斷簡零縑在，也有平生翰墨緣。」

王寄嵩女史竹素，蘇州人。風流放誕，喜與名人倡和。七月八日生辰，掖縣趙石寅茂才琳贈以詩，有「巧讓天孫剛一夜，明當玉兔漸圓時」之句。王大咨賞。時方新寡，遂委身從之，可謂卓文君後一人。

王笠舫大令詩文雙美，尤工書法，專摹右軍。年十七，應童子試，邑宰王公韞渠驚賞其文，拔置第一，欲妻以愛女。因囑縣學校官某為之執柯，某笑曰：「此生詩文雖佳，而字不佳，公何愛之甚也？」宰曰：「生書法逼真王字，何得云不佳？」某曰：「正為其王字不佳耳。」宰始悟其與己同姓，因相對大笑，至今越人豔稱之。

京師虎坊橋北古廟中，有道人形貌矬陋，長不滿五尺，人皆以矮道人呼之。終年不粒食，朝暮惟挈一小黑瓶，入市行沽。能預知人休咎。是廟旗竿率數十年一易，道人見其新者三。海鹽朱翁竹垞年七十矣，自弱冠入都，問道人年，即稱六十餘。近有詢者，仍然。咸莫測其歷僧臘幾何也。黄霽青太史贈詩云：“幾從形視證天和，一味流光冥默過。問歲不曾加馬齒，置身①端合在雞棲。旛竿到眼三回換，米汁填倉百斛多。兜率海山消息斷，底須皺面說觀河。”東坡詩中之梁道人，似乎近之。

潘芝軒相國題蔡籑盫韻香書室悼亡圖，句云“披圖轉爲添惆悵，潘岳而今已白頭”。舒鐵雲孝廉題張伯冶姬人杜者爲憐影圖，句云“似此娉婷嫁張碩，前身必是杜蘭香”。一切己，一切人，竝皆佳妙。

黎忠愍公②以賦黄牡丹詩得名，稱牡丹狀元。許賓衢觀察有黑牡丹詩八首，黑字較黄字運用似難。詩云：“魏紫姚黄壓衆芳，別開生面費東皇。故留百卉無雙色，獨賜群芳第一香。仙女三千尊草聖，龍賓十二擁花王。晉

---

① 置身，原作“置臬”，“臬”爲字書所無。清黄安濤《詩娱室詩集》題爲《矮道士詩（並序）》（卷九），清道光十四年嘉善黄氏刻本作“置身”。

② 黎忠愍公，即明番禺人黎遂球，抗清戰事中戰死，謚忠愍。

宮①若選崑崙后，此美端宜冠上方。""閑情脉脉凭朱欄，如霧如烟影自單。閱世究誰知守黑，是花從此不名丹。神仙界裏談元好，富貴場中養晦難。三月遲開應有意，紅酣綠戰早彫殘。""玉女香添七寶鑪，何時松爐浣冰膚。烏雲恰想凌空袂，淡墨誰描出浴圖。怪底花姑宜鼠號，儘憑俗客以牛呼。我來欲識春風面，滿院重陰色若無。""唐宮金粉跡多陳，剩得名花別樣新。此日謫仙留醉墨②，當年妃子怨蒙塵。願將青鬢長如汝，真使紅顏絕效顰。一捻脂痕今不見，那堪還問賜③緋人。""莫訝汙泥玷玉芽，芳姿猶是璧無瑕。瑤臺月朗成雙影，金谷烟濃壓衆葩。紅粉幾人終富貴，黑甜一夢破繁華。洛陽真箇春如海，開到江郎筆底花。""花枝濡染露華鮮，似合移栽向硯田。天上有香名潑墨，國中何色賽非烟。綠珠碧玉原稱妾，絳④雪紅綃未是仙。偏使丹青圖此貌，管教延壽筆無權。""春老花容錦嬾裝，叢深蝶夢粉難藏。樓臺盡洗金銀氣，草木能知翰墨香。虛白窗中工照影，軟紅塵外暗含芳。却疑飛燕鬟雲軃，倦倚珠簾卸晚妝。""儼白描紅陋小才，朱門桃李讓先開。花當謫後華須歛，春欲歸時意亦灰。青眼漫遺傾國色，黑頭原有出群材。長安試

---

① 晉宮，原作"瀋宮"，據《晉書·李太后傳》改。

② 醉墨，"醉"原作"醉"，字書未見此字，今依詩意改。

③ 賜，原作"賜"，字義未詳，今據詩意改。

④ 絳，原作"絳"，依詩意改。

看尋芳客，衣素成緇已幾回。"覺蓮鬚閣之作，不能專美
于前。

　　山陰張陶菴茂才_岱，豪士也。家蓄梨園數部，上元
日於演武場結巨臺場，大演徽崑各戲，凡三晝夜。所有
百戲、擋子，無不登臺搬演，所費不下萬金。其叔蘊生
大書一聯於棚柱云："果証幽明，看善善惡惡，隨形答
響，到底來，那箇能逃；道通晝夜，任生生死死，換姓
移名，下場去，此人還在。"又一聯云："裝神扮鬼，愚
蠢的心下驚慌，怕當真也是如此；成佛作祖，聰明人眼
底忽略，臨了時還待怎生。"蓋當日所演者，係《目蓮救
母記》及《西游》諸闊戲，忽而天神地祇，牛頭馬面，
忽而刀山劍樹，血海鐵城。夜深演至劉氏逃棚等劇，萬
人吶喊，響震原野，太守疑爲盜警，差衙官偵之。張自
往稟復，太守乃安。故其聯語若此也。

　　于蕊生女史，碧城仙館①女弟子也，有《百美詩》
五十韻。詩云："有美傾城者_{李夫人}，無令作沼爲_{西子}②。
腰肢誇柳媚_{小蠻}，氣息勝蘭吹_{麗娟}。玉鏡深深咏_{楊容華}，金

---

①　碧城仙館，清陳文述之室名。陳詩工西崑體，頗肖吳偉業。有
《碧城仙館詩钞》。

②　咸豐本原作"無令作治爲"，今據《昭和詩文》作"無令作沼
爲"。

蓮淺淺移潘妃。迎風花影動鶯鶯，待月柳梢欹朱淑貞。逸韻傳櫻口樊素，清香染桂枝平康女。濃妝憐馬髻孫壽，淡掃稱蛾眉虢國夫人。記取金閨盜紅綃，閒憑綉箔窺賈氏。璇璣迴皓腕蘇蕙，荳蔻澡香肌趙昭儀。學士陳宮麗袁大舍，尚書晉代儀雷氏。螺紋眉黛淺煬帝宮人，獺髓頰痕差鄧夫人。天上書仙掌曹文姬，花間御史司御史娘。案頭搓琥珀潘夫人，屏外隔琉璃朝妹。續得班彪史班昭，酬他王建詞花蕊夫人。秋風函谷道徐賢妃，春酒曲江池黄四娘。白燭臨心勝樂昌孫氏，紅花𩜷面持崔娘。波還分太液楊妃，井尚染胭脂張貴妃。蜀掾男兒概黄崇嘏，唐宮大小姨韓國、秦國。梅妝初點額壽陽公主，荑手自支頤莊姜。團扇驚秋早班倢伃，長門買賦遲阿嬌。玉簫前日約玉簫，金縷少年辭杜秋娘。蘭蕙芳姿歇魚元機，桑榆晚景嗤李清照。緑珠石尉妾緑珠，碧玉汝南私劉碧玉。憔悴羞郎見謝芳姿，崔徽令我悲河中妓。杏梁空燕子關盼盼，檀板誤鵁兒琵琶。拍怨胡笳日蔡文姬，歌殘楚帳時虞姬。彩箋愁恨寫劉國容，青塚夢魂羈王嬙。歡果承新賜吴絳仙，長條照舊垂章臺柳。鬢驚蟬翼薄莫瓊樹，香引蝶情癡楚連香。素襪凌雲態窅娘，紅鞋步雪姿雪中妓。石華凝唾袖趙后，羌淚墮吹篪朝雲。西市鞍韉備木蘭，東鄰朱粉施宋玉鄰女。紫雲驚發粲紫雲，紅線愛牽絲郭元振妻。弄笛雙鬟聽黄氏女，彈箏五馬辭羅敷。桃根迎渡艷桃根，杏葉接流披天寶宮人。子夜歌聲晚子夜，丁娘索意知丁六娘。簾催鸚鵡下霍小玉，簫引鳳凰騎弄玉。酌酒傳龍女龍津女，添香喚麝姬麝姬。西泠留韻蹟蘇小小，北洛却愁思莫愁。破鏡菱花合樂昌公主，同心梔子貽劉三娘。金梭添思巧丁氏，玉杵結姻奇雲英。髩鬌驚翩若宓妃，渾閒見慣宜杜韋娘。蜀城傷灼灼灼灼，汴妓説師師李師師。柳絮新才少謝道韞，花箋巧製稀薛濤。琵琶溢浦口潯陽商婦，囉嗊鏡湖湄劉采春。何必珍珠慰梅妃，須防玉馬馳陰月華。鶯歌空惜別戎昱姬，蟬錦詎勝笤步非煙。鴛塜嬌紅恨嬌紅，羊權蕚綠遺蕚綠華。溫休兒共載盧光妻，廝養卒相隨邯鄲才人。眉百圖難竟瑩娘，拳雙寵未衰鈎弋夫人。簪花斜點筆衛夫人，桐葉整題詩任氏。」女史名月卿，金陵人，著有《織素軒詩》。

道光戊戌秋，真州有九老會。九老者，李鹿樵鴻，八十四。方鹿門嵓年，七十八。藍笠天嘉瑢，七十六。汪紉秋際昌、鄭耕愚煥庭、巴樸園光誥、謝鐵崖肇漣、徐依槐壽皆七十三。吳最菴紹良七十二。按，九人共六百七十五歲，設盛會於東園舊址李氏之菊圃，取黃花晚節之義，宴衍酬唱，有洛社遺風。吳艤亭爲繪九老圖，一時題詠如雲。謝元淮有句云：「黃花側畔芝莖九，好幅尋秋主客圖。」

道光戊申，廣州八月初三日及九月二十三日，兩次颶風夜作，覆舟以數千計，人言百年來所未有也。潘篆仙茂才填《百字令》一闋云：「亂雲如墨，更飛起千疊，鯨濤如沸。遠聽妖鵝齊出海，聲似鵂鶹夜黑。瞥眼金蛇，滄溟掣影，一線長空裂。砰訇天鼓，暗中疑助神物。無數舸艦迷津，一時揉碎，作秋林殘葉。水面青燐千萬點，帶雨將明旋滅。海怒馮夷，磯森羅刹，莫解華嚴劫。漁舠無恙，蓼花深處同泊。"每誦一過，不禁悽然者久之。

福州黃耦賓明府世發嘗購得越南國王黎氏調墨硯，乃製殘碗片爲者。修廣約三四寸許，形如圭，壁內斜書"扶珍"二字。遍徵題詠，先大父三橋公爲賦長歌，中有"此物敝後尚改爲，想見完時應不賤"之句。按《宋書·樂志》："西旅獻獒，扶南效珍。"二字豈似此命意耶。

邇來宴會多以伶人妝飾侑酒，相習成風。山陰吳泰交編修壽昌《觀劇詩》云："暫綴登場侍酒頻，也知粉黛總非真。平生不解紅裙醉，任爾擎杯奉別人。"金匱華植生少尹本楨《觀劇詩》云："菊部頭中子弟佳，清歌妙舞總開懷。癡情若許藏金屋，不數銀屏十二釵。"一惡一好，蓋性情各有不同也。

韓瓶，宋時貯酒器也。紹興中，韓世忠圍金完顏兀術於黃天蕩，高宗聞之喜，賜軍士酒萬瓶。其瓶本瓦質，高尺許，形如箭口，與足微束，旁有小耳可繫繩。出自太湖，內貯污泥，帶泥貯水，插折枝於內，能生根結實。仁和馬秋藥太常履泰嘗售得一瓶，賦詩云："秋藥蓄一瓶，傳是蘄王甕。中有戰鼓聲，常妨靜時閟。一笑六百年，移爲折枝供。花帶酒氣醺，葉借春風弄。子復就瓶結，纍纍縋梢重。客來呼索郎，家具慚缺空。暫輟窈窕姿，仍還罍洗用。拇戰苦相鏖，酒兵亦互縱。雖異赴敵危，如領背嵬衆。但恐酩酊歸，中夜發噩夢。瞥覩黃天蕩，檣艣截湏洞。”

道光丙午科順天陝甘兩省①題皆曰：“不曰堅乎，磨而不磷；不曰白乎，涅而不緇。”順天中式第十五名馮岐，陝甘中式第二十名馬魁，筆文皆同。見蕭山徐穉蘭太史青所選直省衡品。

曩聞潘何二姓結婚，某賀以對聯云：“有水有田兼有米，添人添口又添丁。”又呂、徐二姓結昏，某嘲以對聯云：“呂氏姑娘，下口大於上口；徐家子弟，邪人多過正人。”

嘗於骨董店見井田硯一方，上有三子母牛，製極精好，隸書銘其背曰：“學製端溪石，中函舐犢情。惟存方寸地，留與子孫耕。”旁有“洪武三年刻”五字。惜無款識，不知何人之物。

先大父三橋公爲詩專主性靈，醉心白氏②，《嶠西詩

---

① 兩省，原作“而省”，不可解，詳前後文義應爲“兩省”，據改。

② 白氏，謂唐代詩人白居易，此處借指爲白居易的詩作。

鈔》、《三管英靈集》均已選録，惜非生平佳什。近黄耦賓明府輯《桂林二友詩存》、張南山師纂《國朝詩人徵略》采摘可云盡善。其餘佳句，尚多可傳。五言如《寒食》云："有村皆禁火，無處不飛花。"《白沙道中》云："馬嘶楊柳外，人語夕陽間。"《沙口阻風》云："沙痕帶水淺，潮信阻風長。"《舟曉》云："野樹烏啼歇，寒雲雁叫回。"《小院》云："更無容足地，可有展眉時。"《游仙巖》云："出郭一程遠，入山半日長。"《送胡南亭》云："貧無杯酒餞，薄有小詩吟。"《羚羊峽》云："斷石橫江臥，閒雲上樹棲。"《憶別》云："無夜無歸夢，不曾不寄書。"《橫楂題壁》云："烏來情共熟，秋到客先知。"《贈別葉鶴巢》云："野水梅花白，霜橋柿葉紅。"《落葉》云："聲隨流水下，影亂月明中。"《過桃花林》云："臨溪一犬吠，繞樹幾鴉翻。"《晚抵羊城》云："樓臺新雨後，滄海晚潮時。"《旅夜》云："窮愁雙鬢白，風雨一燈青。"《送歐陽湘東》云："馬前知有雪，身上惜無衣。"《雪洞》云："世外更寒暑，洞中無古今。"七言如《遷江道中》云："人從峭壁千尋過，雁帶寒霜一字橫。"《春夜》云："旅夢牛歸芳草外，詩情都在亂山前。"《自題小照》云："刻不去懷惟有母，最相宜我莫如窮。"《暮春》云："達士既成修禊服，美人初試踏青鞋。"《春懷》云："春從遠客思中老，心向人情險處低。"《落花》云："三月雨催寒食去，五更風送杜鵑來。"《老君洞》云："山色遥從雲外見，溪聲時繞樹

邊來。"《立春偶成》云："盤餐市遠無生菜，官舍初來
少熟人。"《別樗村》云："嗟我遠行空有淚，怪君臨別
轉無詩。"《立冬》云："滿地苔花惟落葉，一天風雨送
殘秋。"《游南山寺》云："芳草綠侵斜石磴，木棉紅亂
夕陽樓。"《留別同志》云："垂楊衰草雲連岸，流水空
江月滿船。"《春感》云："檻前流水春歸路，花外斜陽
雨過天。"《觀音蕉》云："葉分楊柳枝頭綠，心借蓮花
瓣裏香。"著有《寄塵山房集》。

　　蒙古柏雨田中丞_貴，由知縣累官至巡撫。嘗自撰一
聯，懸於廣東撫署云："牧令計十年，坐斯堂，始願何嘗
及此；絲綸蒙兩代，奉厥職，立心惟矢無欺。"

　　金壇王次回茂才_{彥泓}《春游》句云："開盡畫船天未
午，游人猶悔上船遲。"仁和嚴歷亭司馬_{守田}《西湖雜
詠》句云："沿堤處處停篙待，尚有游人未出城。"一言
其早，一言其遲，俱有風趣。

　　濰縣陳刺史某官全州知州。咸豐丙辰土寇破城，陳
死之。事平，靈車旋里，道出韶州。時其弟覺民太守_{應聘}
方守兹郡，設祭於城西光孝寺。汪芙生代郡中僚屬撰輓
聯云："先軫此歸元，料晉絳英靈，颯爽弓刀能殺賊；常
山悲喋血，仗平原家祭，蒼涼旌翣與招魂。"語意悲壯激
昂，足吐忠義之氣。

　　梁福草比部姬人陳閏娘，頗知書，尤擅畫蘭，風枝雨葉，極似顧橫波。年二十，以瘵疾卒。未卒前一夕，比部方在省門，夢其來辭行，挽留不住。明日早起，以爲春夢無憑，殊不介意。未半時而訃至，比部一慟欲絕。歸瘞石灣豐寧寺側，如東坡之葬朝雲焉。并賦詩輓之，有句云：“今日歸來更惆悵，落花風雨正愁余。”誦之可想見其情之不薄矣。

　　道光癸卯，廣東鄉試第四十八名盧慶龍，七十名黃虎拜，人稱龍虎榜。按，康熙癸巳秋八月萬壽恩科會試，時亦稱龍虎榜，以第一名孫見龍，二名黃文虎也。

　　錢塘汪松溪汝謙嘗製畫舫於西湖，名不繫園。施愚山有詩云：“汪倫情興似君無，每日花間倒玉壺。座嘯春鶯留上客，家移畫舫住西湖。琴箏醉拂芙蕖亂，簾閣時容水鳥俱。肯借圖書同泛宅，便應散髮飯雕菰。”與商寶意“江湖載書屋”正相類。

　　吳門周孝廉存喜放生，嘗放大鯉魚，作詩送之，末句云：“倘若從龍去，還施潤物功。”頗得意。後應鄉試，詩題爲“白雲向空盡”，詩成，苦結語不佳，忽憶放鯉詩，因以末二語作結。主司嘉賞，遂中式。

　　張南山師年將八豔，悟破三乘，天女散花，維摩不染，每值花辰月午，輒招余輩載酒珠江。論者謂彭澤之閒情，非樊川之薄倖也。嘗賦《無題》詩十二首，爲女錄事某書扇。偶錄數首於此，詩云："性根難斷發情苗，不管朱顏鏡裏凋。年事老成心事嫩，花中原有老來嬌。""謝公攜妓入東山，白傅多情眷小蠻。私淑二公爲弟子，九原可作恕癡頑。""小小房櫳黯黯天，簟紋如水帳如煙。無端幾點青衫淚，濕到琵琶第四絃。""玫瑰香裏看梳頭，纖手勞他遞茗甌。玉女新傳延壽訣，仙方兩字是溫柔。""歡娛何必定橫陳，密坐相看意態真。一激能令生百媚，愛他微怨復微嗔。""老人原不異孩兒，一寸心光默自知。好色不淫遵古訓，風騷兩種是吾師。""王郎疑雨語偏工，若問淵源本國風。二百年來工綺語，朱竹垞黃仲則樂蓮裳郭頻伽幾人同。""燭花頻剪又宵分，得句何妨寫練裙。傳語少年須自醒，莫將真髓換巫雲。"詩後跋云："雲煙過眼，露電觀心，即色即空，無遮無礙。嗟乎！浮生已老，定知來日無多；古禮堪徵，信是非人不煖。至於密室散花，豈無天女；橫陳嚼蠟，不乏小憐。情魔慾障之中，於此覘定力焉。世間才子，倘自問所守不堅，寧學魯男子，毋學柳下惠也。"余謂先生載東山之絲竹，賞南部之煙花，偶述閒情，何傷盛德。而曲終奏雅，宛若箴銘。彼沉迷慾海者，試誦斯言，或可回頭是岸耳。

道光辛巳，江西汪小竹方伯與王簣山廉訪招十三郡生童集滕王閣，試以詩古文詞，取三十二人，拔南昌尚喬客茂才鎔爲第一，招飲閣中，盡歡而散。尚有句云：
"年來學殖多荒落，愧作西江第一人。"不料滕王閣中，
又增一故實。

唐曹松有句云："憑君莫說封侯事，一將功成萬骨
枯。"鎮洋彭甘亭茂才兆蓀有句云："前擁貔貅後鶯燕，
男兒那不覓封侯。"讀曹詩令人消開疆展土之心，讀彭詩
令人動投筆請纓之志。

阮文達公初抵廣州，泊舟揚帮①側，舟中聞弦索聲，
問此何地？某對曰："揚帮也。"問何以得此名？曰：
"此地妓所居，妓多揚州人，故名。"公哂之。蓋忘公爲
揚州人也。此事可入笑林。

廣州諸妓妝閣中，其楹帖頗多佳句，如"小姑"云：
"小喬夫婿英雄裔，姑射仙人綽約姿。""秀雲"云："南
部煙花誰夕秀，東坡侍妾是朝雲。""轉好"云："對月
轉思殘醉後，看花好待晚妝時。""琴仙"云："琴心未
許調司馬，仙骨何緣肖媚豬。""連彩"云："連環唐苑
綢繆印，彩縷齊宮續命絲。""愛玉"云："愛我品題誇
絕代，玉人聲價重連城。""小凌"云："小海歌喉珠一

---

① 揚帮，廣州珠江上多妓艇，有潮帮、揚帮之分。揚帮妓多揚州
人，艇泊珠江之南側。

串，凌波微步玉雙鈎。”“月香”云：“月借眉痕秋淡處，
香銷心字夜深時。”“憐采”云：“憐他楊柳春深後，采
得蘋花露下時。”“小鶯”云：“小小名猶傳樂府，鶯鶯
生本屬詩人。”拆字巧不可階。又有以意貼切者，如“柳
笙”云：“鶯邊烟重春無力，鶴背雲寒月有聲。”“亞妹”
云：“闌干碧玉都成字，樂府青溪舊有名。”“閨桂”云：
“桐葉喜添花下影，木樨羞竊月中香。”“阿二”云：“顧
影只輸花第一，問名未到月初三。”“阿女”云：“如意
不勞多着口，媚人須要放開眉。”“金桂”云：“願爾常
依金粟佛，有人來證木樨禪。”“鈴卿”云：“但願瑟琴
調子細，再休風雨聽郎當。”“十五”云：“蟾光却愛團
圓夜，鶯韻分拈上下平。”“小姑”云：“彭郎磯畔人無
兩，蔣帝祠邊妹第三。”俱見匠心。更有亞三者，周吕二
人先後狎之，或戲爲聯語云：“亞欄柳彈鶯調吕，三
徑花嬌蝶夢周。”尤妙不可思議。

　　女録事某，高凉人，逸其姓氏。嘗隨某公子歸羊城，
囊中所蓄爲公子揮霍淨盡，而公子之父乃遣其歸。朱越
亭文溥客梅菉時，嘗見之。姬欲委身相從，朱以年老不能
作尋春杜牧婉言辭之。并填《金縷曲》一闋贈云：“往
事休提起，算從前、霜欺雪虐，命真如紙。比似琵琶關
塞月，幸得生還鄉里。只此後、如何料理。我自飄零卿
錯嫁，共一般憔悴風塵裏，搔短髮，真無計。　紅顏今
昔多如此，儘俄延、殷勤惜別，淚傾鉛水。月苦風酸街
柝靜，瘦影玲瓏相倚。訴不盡、淒涼身世。且盡樽前今

夕酒，便明年相見知何地。卿且住，我行矣。"誦此一
詞，如子野聞歌，輒喚奈何矣。

隱士萬斛泉，湖北興國州人。生平以朱子小學暨《近
思錄》爲宗，尤精研《大學衍義》。與其徒宋鼎鄒金粟結
茅山中，讀書講道，不求仕進。會賊大至，猶正襟端坐，
弦誦不輟，賊皆引退。大中丞胡公林翼特爲薦舉。奉旨賞
七品頂帶，宋、鄒兩人賞八品頂帶。此咸豐丁巳年事。
大吏贈以一聯云："絳帳一時培後輩，黃巾三舍避先生。"
此誠草野難副之盛名，亦國家非常之曠典也。

永勝寺在廣州東門外，地極幽雅，每荷香荔熟時，
余輩集此作消夏會。其僧穎勤既工吟咏，尤精篆法，頗
似夢英和尚。嘗見其自書門聯云："永和風日宜吾輩，勝
地園林得大觀。"拆字可云工巧。

以梅花雪煮茶，味極香美。順德梁伯乞孝廉思問詩
云："破曉畫眉聲，啼落城頭月。呼童起烹茶，自掃梅花
雪。"孝廉爲福草比部子，其詩幾駸駸欲度驊騮前矣。

羊報者，黃河報汛水卒也。其法以大羊空其腹，密
縫，浸以桼油。選卒縛羊背，緣溜①飛報，瞬息千里。至

---

① 溜，原誤作"酒"，據張九鉞《紫峴山人全集》卷二十三《羊
報行》改。

江南營，以舟邀卒登岸，解其縛，人尚無恙。賞白金五十兩，酒食無算。令乘車歸，三月始達。湘潭張度西大令九鉞爲賦《羊報行》云：“報卒騎羊如騎龍，黃河萬里驅長風。雷霆兩耳雪一綫，撇眼直到扶桑東。鼉牙噴血蛟目紅，攬之不敢疑仙童。鬚郎出没奮頭角，迅疾豈數明駝雄。河兵西望操飛舵，羊報無聲半空墮。水籤落手不知驚，一點挐天蒼鶻過。緊工急埽防尺寸，滎陽頃刻江南近。卒兮下羊氣猶騰，遍身無一泥沙印。轅門黃金大如斗，刀割麑肩觥大酒。回頭笑指河伯遲，濤頭方繞三門吼。遣卒安車隴坂歸，行程三月到柴扉。河橋東俯白浩浩，羊兮鼓舞上天飛。今年黃河秋汛平，羊報不下人不驚。河堤官吏催笙鼓，日^①餐爛胃烹肥牸。”按此即元世祖革囊遺法。

番禺沙灣司坑頭鄉有老松一株，古幹參天，濃陰蔽日，相傳爲六朝時陳玄德將軍手植。歙縣許小琴少尹文琛嘗往拜之。好事者爲建拜松亭，中有楹帖云：“四角亭開臨止水，六朝人去賸孤松。”今不知亭猶存否？

咸豐乙卯，徐鐵孫觀察拒賊嚴州。六月戰於漁亭，官軍潰，觀察殉烈焉。訃聞，樊昆吾上舍哭而贊之曰：“嗟汝鐵，何烈烈。提孤軍，捍全浙。師可潰，鼓不絶。

---

①　日，原誤作“且”，據同上書改。

援可亡，戰不輟。手斫三酋寶刀折，漁亭痛灑晶晶血。壯哉先生真是鐵！”聞者無弗破涕爲慰。復製一聯輓之云：“自傷白首亡知己，我爲蒼生哭此人。”覽者知兩公之交道深也。

昌黎“雲橫秦嶺、雪擁藍關”一詩，乃作於陝西，而世俗以爲在潮州，誤矣。錢塘戴醇士學閣熙嘗辨之甚詳云：“公《左遷至藍關示姪孫湘》詩，乃初出長安至藍田關湘來迎公時作。秦嶺指商山，在^①鄧州。公鄧州人，即今河南南陽府。《過南陽》詩‘秦商^②渺既遠’又《次鄧州界》‘商顏暮雪逢人少’皆指此。藍關，指藍田關。《雪後寄崔立之》‘藍田十月雪塞關’又《酬崔立之詠雪見寄》‘吾方嗟此役，君乃詠其妍’或指南行而言。今粤中^③乃有藍關、秦嶺，是誤公詩爲粤中^④作，遂附會焉。”并有和韻詩云：“藍關秦嶺入南天，不計潮陽路幾千。仙子遠來詎此地，先生遥領問何年。分無雪塞荒祠外，惟見雲昏古驛前。北斗仰瞻泉俯飲，大哉吾道本無邊。”真可謂能正其訛。

---

① 在，“鄧州”二字前原脱“在”字，據戴熙《習苦齋集》卷五《謁韓文公祠同藍關示湘韻並序》詩補。

② 秦商，原誤作“秦界”，據戴熙《習苦齋集》卷五《謁韓文公祠同藍關示湘韻並序》改。

③ 粤中，原作“潮州”，據同上書改。

④ 粤中，原作“潮州”，據同上書改。

　　蔣礪堂相國少入詞館，年二十一時，扈蹕木蘭，先駐山莊。適順天鄉試録遞至，同人聚觀一過，而大學士于敏中之子中式第十三名，相與稱賀。及上進哨門，大獵於巴顧溝，于謝恩行幄。上偶憶故相某臣之子亦入試，未知取録否。侍臣覓試録，則遺於山莊，未敢答也。蔣獨對曰：“某人已經中式九十四名，未知果是某臣之子否？”上異之，問能記前二十名否？蔣背誦如流，侍臣無不詫爲奇，由是得邀天眷。其聰穎可謂過人遠矣。

　　樊昆吾上舍嘗以明趙忠毅公①東方未明硯搨本示余，面背兩紙，高可五寸，廣半之，面額小篆“東方未明之硯”六字。背銘曰：“殘月暉暉，明星皎皎。雞三號，更五點，此時拜疏擊大奄。成則策汝功，否則同汝貶。”旁勒“夢白居士題”五字，下鈐“南星”二小字名印。書法奇古，生氣稜稜，覽之令人色壯。紙尾有仁和龔定菴舍人小跋，筆致亦高佚可喜。

　　詩有叠法，順德蔡春帆閣學錦泉句云：“南北東西路，陰晴冷煖天。”秀水錢擇石侍郎載句云：“申寧岐薛亭臺里，車馬衣裳士女風。”上聯是五叠，下聯是七叠。

　　琴川女史蔣宛儀爲文恪公女孫，從隨園老人學詩，

---

① 趙忠毅公，明代名臣趙南星，卒謚忠毅。

稱女弟子。有《酬和集》行世。適山陰何芸生茂才大庚宦游居粵。道光辛丑英吉利犯廣州，何與浙人錢江倡率義旅，號召遠近，爲勢家所忌，媒糵興大獄。何被戡問，禍且不測，蔣奔走乞援。時祁恭恪開幕東南，聘黃香石師、曾勉士學博、樊昆吾上舍贊佐戎幕。蔣上書辨白，並吟四律上呈恭恪，悽楚動人。詩云："奇聞一闐市人驚，道客星纏貫索明。海市成樓爭詫幻，并刀剪水詎無聲。任教越網千絲結，定有興碑萬口評。披髮問天天豈醉，應飛冤雪遍仙城。""誰教草檄出庸才，討賊還兼犯上來。校正體裁歸麗則，激揚忠義動風雷。詎違衆志嘲奸黨，翻使拈毫結禍胎。珊網疎疎文網密，可憐羅織到鄒枚。""公卿垂誠重師謨，皎皎從來本易汗。文采自韜全霧豹，鋩芒輕試挫錕鋙。縱魚偏誤鴻罹網，鍛羽應憐鳳在笯。稽首龍門開誅蕩，敢期盛事脫夷吾。""古人折獄示哀矜，底事偏誇鍛鍊能。文士六朝多劫運，爰書三字太模棱。瘴烟慘共愁雲墨，海水枯將血淚凝。仰賴離明方繼照，訟冤無事上書仍。"後其事卒賴三君子之力，多方調護，僅從末減，遣遞回籍云。

蔣伯生大令罷官，歸築一園，落成之日，其弟某戲題一聯於門云："造成東倒西歪屋，用盡貪贓枉法錢。"蔣見之，乾笑而已。

卷　六

吴興鄭夢白中丞祖琛巡撫粤西時，決科考取前七人，及榜發，皆依名次中式，一時傳爲美譚。因憶乾隆壬午吳雲巖修撰鴻督學湖南，是歲主試者爲嘉定錢公辛楣、陝西王公偉人。諸生出闈，各以闈卷呈吳。吳最賞者爲丁甡、丁正心、張德安、石鴻翥、陳聖清五人，曰："此五卷不售，吾不復論文矣。"榜發日，吳招飲，使人走探。俄而抄榜來，自六名至末，只陳一人。吳旁皇莫釋。未幾，五魁報至，則四生已各冠其經如聯珠然。吳大喜過望，賦詩有"文昌此日欣連曜，誰向西風訴不平"之句。二事頗相類，俱可謂能知人、能拔士矣。

華亭張清河女史玉珍，隨園女弟子也。詩賦之外，尤擅倚聲，有《沁園春》一闋咏七字，詞云："北斗闌干，猜是銀河，三更四更。記涼瓜食候，蘭期空誤，巧針穿處，弦月將生。里數山塘，賢留竹塢，若個才華展步成。

無聊甚，學盧仝茶癖，風味偏清。　畫樓十二春晴，算五處閒扃嬾未登。愛寶釵徐整，閒情脈脈，琴弦低撥，幽韻泠泠。扶下香車，織殘襄錦，六一爐繁碧篆輕。於中意，付詞人秦柳，寫倚新聲。"用典處，覺多多益善。

南海陳鹿苹孝廉延輔館於羊城，生徒甚眾，有登賢書者，命植桂一株，有補博士弟子員者，命種梅一樹。故齋中桂梅二花特盛，嘗自書楹帖懸於齋中，云："鵬鶚薦餘栽桂樹，藻芹掇罷種梅花。"洵屬佳話。

吳縣潘學士世恩、滿州恩侍郎桂道光己亥同典順天鄉試。一日，在闈中，潘戲謂恩曰："吾每書銜名，必以公之上為吾之下耳。"恩應聲曰："豈不聞君子上達，小人下達。"

河南羅山縣僧慶月，於道光中以戴澤遠姓名援例捐縣丞，後改發直隸，陞臨城縣知縣。恃勢負債，咸豐丁巳為職員戴堯天告發。奉旨革職，按律定罪。因憶嘉慶末年有王樹勳者，山西人，始為揚州木蘭院道士，後至京師廣惠寺為僧，稱明心和尚。饒於資，遂遵例捐同知，選授湖北某缺，旋擢郡守。會調繁入都，御史湘潭石公承藻首發其奸，嚴鞫得實，編管黑龍江，先於刑部衙門荷校兩月，然後發遣。舒鐵雲孝廉為賦《和尚太守謠》一篇，詩云："棄民為僧如禿鶩，棄僧為官如沐猴。宦成黃鶴樓中住，事敗黑龍江上去。南來初寂寞，騎上揚州鶴。
北去尤蕭條，凍殺紇干雀。無端忽慕竺法深，有時化爲
支道林。碧紗籠邊鐘悄悄，青蓮鉢底花沈沈。石塔寺，
無一縫，金輪會，有萬衆。吳國銅瓶五色堅，趙州布衫
七斤重。借得如意影，放下苔帚柄，或現宰官身，或佩
國公印。兩眼看天雋不疑，五體投地霍去病。豈知襄陽
節度，乃有叙勳僧正。聚處禪師之門場，佳處仕宦之捷
徑。君不見南州傳法唐慧能，又不見西蜀入資漢長卿。
料得清貧饞太守，儼然天竺古先生。恒星不見官星見，
不看僧面看佛面。恩恩一曲雉朝飛，啞啞三更烏夜啼。
州亦不可添，詩亦不可改。白銅鞮上春如夢，黃金臺畔
人如海。珊珊者骨，種種者髮，不須笑整冠，且與翻著
韤。卿在雁門關來，師言石頭路滑。鈴音云何劬禿當，
禪味如是故屎橛。贈君以繞朝之馬檛，李斯之狗枷。峨
峨御史府，堂堂司寇衙。五百劫，恒河沙，二千石，優
曇花。紆青拖紫波斯匿，偎紅倚翠摩登伽。於是乎始墨，
於是乎始髡，汝受諸苦惱，何不出了家。吁嗟乎！天下
雖大，難容其身。地獄之設，正爲此人。今我故我，無
臣有臣，束之高閣，問諸水濱。初不若劉孝標，典校秘
閣上。又不若楊法持，戰勝邊庭壯。爰有薛懷義，行軍
總管彼一將。復逮李罕之，中書門下此一相。韋渠既工
古樂府，賈島亦登進士榜。國子祭酒理又玄，閣門祇候
言非誑。馮延魯去空遯逃，孫景元來曾供養。而況徐湛
之愛湯惠休，阮佃夫薦茹法亮。青史十七部，白髮三千

117

丈。既已追度牒，何又進治狀。獨不見襄陽太守明和
尚。"彼戴澤遠者，殆王樹勳之流亞歟。

信宜地多土妓，無鹽、嫫母，列屋而居。土銼繩床，
不可置足。汪芙生戲賦二詩嘲之云："善和坊裏舊知名，
踪跡相聞意便驚。客至青脣吹火立，邛須赤足踏冰行。
深機短蝛含沙影，變相靈狐嘯月聲。巫峽陰霾祆廟壞，
此中真箇欠分明。""雲衫月扇總茫然，喚作迷樓亦可憐。
貓鬼因人能變化，鳩盤入世忽神仙。回腰慣作天魔舞，
袒臂喧爭姹女錢。莫怪微詞聞作賦，登徒或借大夫傳。"
誦之令人捧腹。

天下姓名相同不一，石屏張月槎太史漢在京師時，
有同姓名者爲衡州縣丞，入都大會宗人。後回衡，太史
調以詩云："連天一派①元同姓，兩地交稱不異名。文士
時難分李益，詩人帝豈別韓翃。丞何曾負慚余拙，叔恐
爲癡被子輕。此去衡山尋玉簡，曠懷千古獨輸卿。"又大
興徐香垞太守鑑知興化府時，有同姓名者署永定興化鄉
巡檢。太守調以詩云："今仲舒同昔仲舒，名相如亦實相
如。郭淮可占汾陽地，李秀傳疑北海書。可有小冠能別
否，竟同大諫獨何歟。苦吟寒食飛花句，與此韓翃或是
余。"二者皆可謂詞壇雅謔也。

---

① 派，原作"觚"，據詩意改。

　　白雲山爲羊城勝游之地，每年七月二十四日，郡人
競爲白雲之游，云安期飛昇日也。許青皋茂才有詩十二
首云：“朝來出郭午晴天，身坐籃輿穩似船。樹裏茶亭宜
小憩，一甌先試九龍泉。”“曲逕螺旋上翠微，秦時風景
想依稀。白雲自古山中住，曾見當年跨鶴飛。”“遠道閒
經上下塘，蜿蜒遥指聚龍岡。暗聞藥氣兼花氣，古澗瀠
洄水亦香。”“長風浩浩宿霾開，俯眺南溟水一杯。敢説
登高我能賦，凌雲直上鶴舒臺。”“香火千秋廟貌崇，嵯
峨樓觀聳雲中。菖蒲折盡無人見，只有山花幾處紅。”
“採藥曾聞東海游，閱殘人世幾春秋。棗瓜此日應難覓，
欲薦蘋蘩不自由。”“年年勝會竟如何，士女壺觴絡繹過。
一路松陰凉似水，游人爭比鯽魚多。”“斷鐘零鼓三霄近，
蔓壑枝峰十里迎。恍惚魚山聞梵唄，半天風送步虛聲。”
“放眼天南第一峰，幽厓深處蟄虬龍。倚山樓外朝暾起，
極望榑桑紫氣濃。”“幾日西風已退炎，滿林紅葉曉霜添。
興來小飲山中市，茅店高挑賣酒帘。”“回頭下界隔雲看，
翠磴丹梯路百盤。千尺水簾飛不斷，砭人肌骨總清寒。”
“勝地爭誇寶象林，長楸古柏鬱森森。雲淙別業今零落，
鎮日都無過客尋。”今青皋已歸道山，其墳在白雲山中，
每誦遺詩，不勝聞笛山陽之感。

　　道光癸巳，越南國王差官阮焕乎文章李鄰芝文馥黄健
齋烱黎受益文謙汝元立伯仕等護送失風兵船回粤東。錢塘
繆蓮仙茂才良因招五人集珠江作中外群英會，即席聯吟，

極歡而散。黃有句云：“也知文士以文會，不意此生來此州。”中外唱酬，誠一時佳話也。

順德李研卿太史應田，弱冠與其弟召卿孝廉應棠並應童子試，邑宰蔣公立昂試以古體詩，太史集長吉句爲之。蔣覽畢笑曰：“風簷中安能成此百家衣體，必代倩無疑矣。”太史曰：“然則長吉詩若干卷？”蔣曰：“不過數帙耳。”太史曰：“數卷詩似尚易記。”遂乞紙筆，一一疏其所出。蔣大驚異，欲以冠軍許之。太史曰：“明公固甚盛意，然非應田所敢望也。應田弟應棠亦與試，老母屬望尤切，栽之培之，是所仰於明公耳。”蔣如其言，召卿遂以前茅游泮。人傳以爲美譚。

湘潭譚荔仙上舍溥，嘗九日偕同人登高賦詩，以“遍插茱萸少一人”分得茱字，今韻七虞部不收，譚有句云：“劉郎一自題糕後，我更慳拈一字茱。”

京師蒙館外招榜必書“秋爽來學”字，來學必以秋爽，不知何義。或對以“冬季諷經”，蓋京師寺外必大書此四字也。殊巧。

北平湯芷卿用中正月十三日家中扶鸞，仙至，自稱明季女史尤熙鳳，降壇書一詩云：“蓬萊宴罷幾何時，萬里遙空月上遲。劇喜歸來春事好，不曾孤負試燈期。”陶貞白有言，得作才鬼，亦當勝於頑仙。信矣。

番禺沈雲卿司馬增瑞，偉人觀察之子也。嘗得胡姬，金屋貯嬌剛及一載，竟罹婉難。悼念不已，繪其小影，遍索題詠。沈小山參軍濟清有句云：“想得阿侯應似母，抱來如見畫中人。”沈覽之，不覺失聲。

《西廂記》一書，文人無不閱者。乾隆己酉科會試，詩題爲《草色遙看近却無》，福州某孝廉卷已中矣，因詩中有“一鞭殘照裏”句，主司指爲語用《西廂記》，遂斥不錄。因記商寶意太守嘗以卷中用“風流雲散”四字被落，輕倩字面，場中尚不宜用，況院本乎。

李奉貞者，唐縣李廉訪孟群從妹也。幼喜觀書，治兵法天文家言，往往有驗。咸豐乙卯，廉訪奉命統兵剿賊漢陽，招至軍中。女爲之佈陣畫策，屢著奇功。後謀襲漢陽，女戎裝乘馬，率兵攻城，賊發鎗礮，俱不能近。眾驚爲神。繼孤軍深入，賊圍之數重，十盪十決，卒不能潰圍而出，遂戰而死，年二十九。張南山師有句云：“細柳合參軍旅事，木蘭原是女兒身。”從古以女子參軍事者，代不乏人，此則紅粉知兵，而黃沙喋血，蓋不僅與義成公主輩爭烈矣。

南海勞莪野孝廉潼素工時文，乾隆乙酉科，出闈後自負不肯作第二人想。及揭曉，泥金①到門，乃報中亞魁也。勞曰："吾文當第一，何以第二？然則解元爲誰？"對曰："順德梁泉也。"勞始不語。至簪花日，其門署一聯云："險些兒做了五經魁首，好漢子讓他一箇頭名。"

祇園上人一日招余輩小集，或問坐中何人最懼內。衆未及答，祇園曰："惟老僧最懼內。"衆訝之。笑曰："惟懼內，故不敢娶耳。"衆爲粲然。祇園住持華林寺法席，發大願力建五百羅漢堂。子身行半天下，而堂卒以成，莊嚴妙麗，在粵東可云得未曾有。平日不立文字，而言語超妙如是，殆得游戲三昧者耶。

雍正乙卯廣東鄉試，南海何侯弼茂才大觀出闈，夜過荒村，聞二鬼私語曰："今科解元爲誰？"曰："侯弼。"何竊聽之，喜其與己號適符也。及揭曉，第一名乃姓侯名弼。

嘗見古銅鏡一面，團圓不過二寸許，背有銘云："月樣團圓水樣清，好將香閣伴閑身。青鸞不用羞孤影，開匣當如見故人。"不知何時物也。

---

① 泥金，以金屑塗飾之箋簡稱泥金帖。唐代新進士及第，畫此帖附家書中以報喜。

南海游蓉裳太史^{顯廷}釋褐歸，偶作珠江游，嘗即席出對曰：“金屋貯嬌，斜插金釵金步軟。”時有女録事方小蘇者應聲曰：“玉樓宴客，滿斟玉琖玉顔酡。”游大喜，厚贈之。

艾至堂大令嘗出楊忠愍公①腰裂硯見示，其銘曰：“余不能書，故無佳硯。入獄次日，望湖贈此硯，伴我寂寥，意誠佳也。相依既久，乃知此硯才德之優。昨夜忽然腰裂，鏗然一聲，驚我夢寐，是豈知予之將死而不忍爲他人用耶？噫，異矣！”按此硯初爲錢文端公所藏，嗣入其女孫奩具，歸於李穆堂觀察之子。艾以文易得，攜至粤東。某權貴欲奪之，以銘語不祥絶之，乃免。今至堂已歸道山，不知此硯尚存否也。

近有韓某屢試不售，援例爲巡檢司，自署其門曰：“説什麽無雙國士，不過是從九官兒。”有才而隱於末僚，天下人類此者當不少，是可慨也。

咸豐丁巳，番禺某村鄉人伐番石榴樹，木理中開，有“咸豐”二字，一背，一面，書勢端嚴。因記道光丁未，清遠某村鄉人伐冬青樹，木中亦有“天開文運”四字。陳棠溪儀部爲賦《文木歌》，中有句云：“木理中開

---

①　楊忠愍公，明大臣楊繼盛，被嚴嵩構陷死，謚忠愍。

四字見，誰其書者銀鈎藏。"此皆粵東近事。

　　客有譚葛將軍妾者，山陰人，逸其姓氏，容止閒雅，而素有膽略。道光辛丑，英吉利犯定海，將軍拒之，力戰三晝夜，援師不至，遂戰死於邑之東嶽宫。妾聞公喪，遽集他侍妾輩及賸卒數百人，乘夜入夷壘，奪公屍歸，葬之故里。説者謂勝國之沈雲英不是過也。汪芙生有《葛將軍妾》歌云："舟山潮與東溟接，戰血模糊留雉堞。廢壘猶傳諸葛營，行人尚説張巡妾。共道名姝越國生，苧蘿村畔早知名。自從嫁得浮雲婿，到處相隨卻月營。清油幕底紅燈下，緩帶輕裘人雋雅。月明細柳喜論兵，日暖長楸看走馬。一朝開府海門東，歌舞聲傳畫角中。不問孤軍懸渤澥，但思長劍倚崆峒。新聲休唱丁都護，金盒牙旗多內助。虎幄方吹少女風，鯨波忽起蚩尤霧。一軍如雪陣雲高，獨鑿凶門入怒濤。誰使孝侯空按劍，可憐光弼竟抽刀。凄涼東嶽宫前路，消息傳來淚如注。三千鐵甲盡蒼黃，十二金釵齊縞素。繡旗素鉞雪紛紛，報主從來豈顧勛。已誓此身拚九死，頓教作氣動三軍。馬蹄濕盡胭脂血，戰苦綠沉槍欲折。殺賊麗娥心似鐵，歸元先軫面如生。一從巾幗戰場行，雌霓翻成貫日明。不負將軍能報國，居然女子也知兵。歸來腸斷軍門柳，犀鎧龍泉亦何有。不作孤城李侃妻，尚留遺恨韓家婦。還鄉着取舊時裳，粉黛弓刀盡可傷。風雨曹娥江上住，夜深還夢舊沙場。"將軍名雲飛，謚壯節，亦山陰人。

順德何藜閣太史太清好爲狹斜游，有妓阿六頗嬿之，賦詩贈云："群卦謙皆吉，坤儀許共參。鼎惟呈兩兩，數已協三三。色映湘裙麗，聲從巁谷探。他年生驥子，三索倍宜男。"東坡咏崔廿四人以爲奇，太史乃多多益善耶。

吳興嚴鐵橋孝廉可均嘗客冶城山館，偶游小市，購得子陵私印一方，一時題者如雲，余尤愛上元嚴小秋駿生《八寶妝》一闋云："銅蝕花青，筆鏒文古，隱約老紅殘籀。一客孤星天外朗，姓字昭昭宇宙。鼉頭繭尾半存，香篆芝泥，鈐來曾對滄波瘦。雖道富春人去，高風依舊。難得代遠流傳，劫灰歷遍，釣臺千古同壽。又添作冶城佳話，竟歸我先生之後。想當日羊裘入奏，不榮金印懸如斗。只自保芳名，常爲白水真人友。"藏者題者皆屬一家，洵佳話也。

咸豐丁巳，河南學使俞樾出題多割裂，如試陝州題曰"然則文王不足法與"、試武陟縣題曰"苟爲無本七"、試修武縣題曰"王知夫苗乎七"、試林縣題曰"戶求水"，諸如此類，不勝枚舉。合場譁然，幾至罷考，爲御史河南曹薇溪登庸彈劾，奉旨革職。因憶嘉慶間歙縣鮑覺生侍郎桂星督學河南時，出題亦多割裂，士子逐題作詩嘲之云："禮賢全不在胸中，紐轉頭來只看鴻。一目如何能四顧，本來孟子説難通。"顧鴻。"世間何物最爲凶，第

125

一傷人是大蟲。能使當先驅得去，其餘慢慢設牢籠”驅虎。“廣大何容一物膠，滿場文字亂蓬茅。生童拍手呵呵笑，渠是魚包變草包”及其廣大草。“屠刀放下可齊休，只是當年但見牛。莫謂巋然成大物，看他觳觫覺生愁”見牛。“禮云再説亦徒然，實在須將寶物先。匹帛有無何足道，算來不值幾文錢”禮云玉。“古來慘刻算殷商，炮烙非刑事可傷。不見周文身一丈，也教落去試油湯”十尺湯。“没頭没脚信難題，七十提封一望迷。阿伯不知何處去，賸將一子獨孤悽”七十里子。“秋成到處穀盈堆，又見漁人撒網回。不是池中無別物，恐妨現出本身來”穀與魚。“紙上筌蹄迹可求，芭經專紀草春秋。一生最怪鶯求友，伐木都教影不留”獸草。“真成一片白茫茫，無土水於何處藏。欺侮聖人何道理，要他跌落海中央”下襲水。“揀取明珠玉任沉，依然一半是貪心。旁人不曉題何處，多向紅樓夢裏尋”寶珠。“但憑本量自推摩，果是真剛肯怕磨。任爾費將牛力氣，姑來一試待如何”堅乎磨。後先一轍，其俞、鮑二公之謂乎！何有幸有不幸也。

“可中亭事亦足傳，暗鬭蛾眉意奇絶。”德清許周生主事宗彥題張船山太守詩集句也。太守嘗客閶門，密蓄一姜，於其夫人游虎邱時故使相遇，夫人弗覺也。太守紀以詩云：“秋菊春蘭不是萍，故教相遇可中亭。明修雲棧通秦蜀，暗畫蛾眉鬭尹邢。梅子含酸都有意，倉庚療妒恐無靈。天孫冷被牽牛笑，一角銀河露小星。”許詩指殆此事而言。

　　家大人生平無所嗜好，惟喜吟詠，偶有所得，輒手錄成帙，然不輕易示人。五言句如《除夕》云：“歲從今夕盡，人向客中過。”《途中》云：“日寒鴉背冷，沙軟馬蹄驕。”《寒夜對酒》云：“無人爲地主，有淚灑天涯。”《來陽感舊》云：“天高涼日小，風急濕雲多。”七言句如《豐湖泛舟》云：“五眼橋邊千樹古，六如亭上一天秋。”《暮春感懷》云：“千條楊柳青開眼，一樹梨花白滿頭。”《來陽漫興》云：“門外落花封虎跡，溪邊垂柳礙鶯聲。”黃香石師嘗曰：　“此數聯俱可錄入摘句圖。”

　　徐上舍本敬逸其里居，負才不羈，好作歇後語。嘗於某督學幕中作《集四書歇後詩》云：“抛卻刑于寡妻，來看未喪斯文。只因四海困窮，博得七年之病。半折援之以手，全昏請問其目。且過子游子夏，棄甲曳兵而走。”巧妙極矣，然得無侮聖人之言乎。

　　崆峒巖①在端溪，新建大宗伯曹地山秀先提學時，嘗大書“雲巖”二字，勒於崖壁。後學使吳殿撰鴻②號雲巖

———————

①　崆峒巖在廣東陽春縣。
②　鴻，原誤作“馮”，據道光《陽春縣志》卷一改。

試畢游其地，見之大笑，題其後有云："我名何爲挂絶壁，曹侯下筆摩蒼穹。"又海州①有雲臺山，峰頂有三元宫，阮雲臺相國元閱兵嘗至其地，有句云："認作家山安穩住，今宵有夢到三元。"二者何相合之巧也。

正月十七日余例爲家雲林先生祝生日，咸豐丁巳卜地於太平烟滸之深柳堂②，大集名流，懸像焚香拜祝。酒間，新城喻少白參軍福基展紙大書楹聯相贈云："家傳清閟雲林閣，社集太平烟滸堂。"余裝池端好，什襲藏之。

《茶餘客話》載：孫藩使舍中太翁爾周宰浙時，獨行杭州城外，荒村③中一望土冢纍纍，見粉牆，即往索茶。一小婢舉竹椅出，令坐，捧苦茶一盞飲之。須臾去，呼之不出。見門上一聯云："兩口居山水之間，妻忒聰明夫忒怪；四面皆陰燐所聚，人何寥落鬼何多。"按此地名紅柏山莊，秀水王仲瞿孝廉曇所居處也。見《瓶水齋詩》注。

昔人有以成數爲詩云："一去二三里，烟村四五家。

---

① 海州，今江蘇連雲港市。

② 太平烟滸，在廣州太平通津，其南端有深柳堂，爲詩人李長榮所居。太平烟滸坊額爲詩人陳恭尹所書。

③ 荒村，原誤作"蔬村"，據阮葵生《茶餘客話》卷十二改。

樓臺六七座，八九十枝花。"黃香石師嘗游羅浮，山行戲仿其體云："一上二三峰，烟嵐四五重。雲門六七折，八九十株松。"

　　燈謎之濫觴，起於叔展語無社之隱語，如東方朔之射覆，蔡中郎之碑題是也。茲就余所愛者錄之。無冬無夏（其惟春秋乎）。松聲（大夫曰）。金蓮蹴損牡丹芽（行乎富貴）。西施橋李，楊氏離支（二女果）。不見義之見獻之（二王我將有所遇焉）。鶯鶯（黃鳥黃鳥）。詩中畫，畫中詩（維其有之）。射虎將軍老不侯（漢之廣矣）。江鳥鴻則離之。悔教夫婿覓封侯（婦歎于室）。剪綵成花（天工人其代之）。可使南面（言乃雍）。坐左右惟其人，中央土（生）。離牛一。玉皇香案史（以敬事上帝）。茄有嘉折首。凱風何以不怨（蓋取諸小過）。卿須憐我我憐卿（交相愛也）。青青子衿，挑兮達兮（諸生蕩）。鈎弋夫人（執女手之拳然）。蘭湯水泉必香。李克用將沙佗兵收復長安（遂滅巢）。絕代佳人（美而無子）。五綵雙纏午未郎（子同生）。釐降二女于嬀汭（以服事帝舜）。青蚨飛去復飛來（遂爲母子如初）。象曰鬱陶思君爾（假道於虞）。秦雲（西方美人）。左衽（衾曰夷衿）。我今落魄邯鄲道，要與先生借枕頭（思夢）。天柱地維（是謂造化之根）。混沌（無名天地之始）。嘻其甚也（子非魚）。五噫（長吁了兩三聲）。日蝕之餘（恰似半吐的初生月）。傷心是小青（慘離情）。巧言如簧（似嚦嚦鶯聲花外囀）。倦繡（指頭兒告了消乏）。落日在簾鈎（挂住斜暉）。匹馬行將夕（一鞭殘照裏）。亞有心爭似無心好（秋他愁種心苗）。負荊（背着夫人）。武曌鏡殿（行近前來百媚生）。藉糟枕麯（但願長醉不願醒）。紫禁朱櫻上林果。五陵裘馬自輕肥（少年游）。

夜深還過女牆來[城頭月]。樂巴噀酒[潑火雨]。君臣相對盡沾衣[憶真妃]。翰飛戾天[高翥]。車較[重耳]。荆床[息夫人]。二三子[五兒]。尸位素餐[館]。重瞳[瞬]。下士一位[象]。講經奪席[戴勝]。蘇若蘭織錦迴文[巧婦]。眾皆悦之[合歡]。屏風上行[步障]。刀角[端]。如南山之壽，不騫不崩[石長生]。歲寒然後知松柏之後凋也[忍冬]。皆超卓不群而可傳者。

珠江游船最多，夜宴燈火笙歌，極其華靡。迨酒闌客散，艇子送人，一時象管收聲，羊燈息燄，波心回首，風景頓殊，惟有月影露華，增人惆悵而已。許青皋茂才詞云："最繁華處轉蕭條，覺得酒闌，都是可憐宵。"李研卿太史詞云："一丸凉月印鵝潭，照見酒痕，和淚濕青衫。"凄婉之音，如子野聞歌矣。

李紫黼學博云："儒乃需人，佛乃弗人，仙乃山人。"恰是天然意義，勝荆公字說之穿鑿多矣。

李容齋尚書居京師時，有伶人新婚，戲爲《賀新郎》詞云："之子門楣異，却贏來，嬌羞事業，風流經濟。一向喬妝身請妾，此舉差强人意。指山海，香盟粉誓，笑煞逢場花燭假，喜今嘗，花燭真滋味。貪美酒，恣尤媂。箇儂休作男兒覷。料無非，鉛華侶伴，裙簪班輩。正自難分，姑與嫂，謾道燕如兄弟。恐還是趙家姊妹，兒女溫存原自慣，願卿卿憐婦如憐婿。今何夕，三生會。"

又陳其年檢討爲雲郎合卺，亦有《賀新郎》一闋云：
"小酌酴醾釅，喜今朝，釵光簟影，燈前滉漾。隔著屏風
喧笑語，報道雀翹初上。又悄把，檀奴偷相。撲朔雌雄
渾不辨，但臨風，私取春弓量。送爾去，揭鴛帳。　六
年孤館相依傍。最難忘，紅蕤枕畔，淚花輕颺。了爾一
生，花燭事，宛轉婦隨夫唱。努力做藁砧模樣。只我羅
衾渾似鐵，擁桃笙難得紗窗亮。休爲我，再惆悵。"二詞
殆難甲乙也。

　　康五者，都門買估衣①家也。詼諧善謔，以賤值買得
一古聯，紙色黝暗而無題識姓名，其句云："青璪花輕
重，銀橋柳萬千。"廉玉農秋曹過而愛之，斷其爲文衡山
之筆。適鳴東屏大令乘款段出宣武門，廉呼而示之曰：
"此待詔墨寶也。"鳴大哂曰："此廊房戴本義之作，僞
以藥水染紙，遂似數百年物耳。實不值百錢也。"廉不能
平，大相詬誶，一市粲然。康和解之，廉卒以三十千買
歸。樊昆吾上舍爲余述。

　　龍幺妹者，貴州土司龍躍之妹也。嘉慶丁巳，威勒
侯勒保征苗，檄調士兵。適躍病，命幺妹率兵，馳赴軍
門。妹年十八，身長面白，結束上馬，出没矢石間，指
揮如意，洵奇女子也。事平，侯欲爲妹執柯。時舒銕雲

————————

①　估衣，舊衣服。

孝廉方在幕中，將以歸之。舒婉言辭卻，而意不能忘也，賦七律二章送之云：「健婦猶當勝丈夫，雍容小字彼尤姝。然脂瞑寫蔣三妹，歃血請行唐四姑。上馬一雙金齒屐，乘鸞十八玉腰奴。不須更結鴛鴦隊，白練裙開筆陣圖。」「迷離撲朔辨雄雌，千里明駝古有之。軍令靜原同處子，兵符端合付如姬。修來眉史功臣表，繡入弓衣幼婦詞。石砫兜鍪雲罨鬢，不知巾幗定遺誰。」記之可備修眉史一故實矣。

某示子詩云：「人生七十强支持，簾捲西風燭半枝。傳語兒孫好看待，眼前光景不多時。」又某寄夫詩云：「新花枝勝舊花枝，從此無心念別離。知否秦淮今夜月，有人相對數歸期。」讀前詩可爲闊於溫情者戒，讀後詩可爲薄於伉儷者戒。

翠琴者，京師伶人也，色藝冠絕一時。咸豐丁巳三月病死。其生也，在花朝前一日，故某公輓以聯云：「生在百花先，萬紫千紅齊俯首；春歸三月暮，人間天上總銷魂。」

大竹江曉騷方伯國霖，道光戊戌計偕入都，屢謁大興令某，皆不納。不悅而去。是科遂以第三人及第。簪花日，一甲三名，順天府暨宛平、大興兩縣例爲執鞭。是日，江笑謂大興令曰：「君何前踞而後恭也。」因憶德清蔡碩公啓傳康熙庚戌公車過淮安，謁山陽令邵某。邵其鄉人也，批其名刺云：“查明回報。”蔡怒而去。至京遂以第一人及第，題一絶句於便面寄邵云：“去冬風雪上長安，舉世誰憐范叔寒。寄語山陽賢令尹，查明須向榜頭看。”余謂風塵中識天子宰相，固是難事，此輩但須令其自愧可耳。

詩惟至性，最易感人。瀋陽樊子實司馬鍾秀以河員擢江蘇同知，《臨別口號》云：“相送無言揾淚痕，衹聞珍重語還吞。行行巷口回頭望，爺面朝空娘掩門。”語無雕琢，而一種孺慕，讀之惻然。

大興翁宜泉太史樹培爲覃溪學士子，嘗入會闈，號舍中磚多明季年代款識，太史手揭數紙，攜出場，裝池成册，遍①索題詠。張船山太守詩云：“棘枝圍屋瓦鱗鱗，紅燭三條逼鬼神。十萬老生齊吐血，牆陰偏有打碑人。”是亦韻事。

道士邱景和嘗爲余言，凡修真之士，每朔望晦日，便是七魄流蕩、交通神鬼之期，須檢制還魄煉形之法。是夕，正體仰臥，伸足平直，用手掌掩耳竅，其指接於項後。閉吸七遍，叩齒七通，心存鼻端，冥冥存想。久

---

① 遍，原作“編”，據文義改。

之，便見小白光如丸大，漸久漸大，貫澈上下九重。以氣調血，以血運氣，遂變成兩青龍，時在兩目中。又如兩白虎，時在兩鼻孔中。由是朱雀在心，蒼龜在左足底，靈蛇在右足下，兩錦衣玉女，把火當耳門。因而咽液七通畢，默呼七魄神號：一曰尸狗，二曰伏矢，三曰雀嬰，四曰天賊，五曰非毒，六曰除穢，七曰臭肺。徐徐將七神號呼畢，隨誦咒曰：“素氣九還制魄，邪奸天獸守門。嬌女把關鍊魄，和氣與我相安。不得妄動，看察兩源。若有飢渴，聽飲月黃日丹。”其語頗簡易，不似道書之艱澀難曉也。後閱《雲笈七籤》載太微靈書中有其咒文，而論説少異。

西湖竹枝詞，海寧楊次也太守守知有句云：“誰知百褶羅裙上，也畫西湖十景來。”溧陽潘梧岡明經桐鳴有句云：“看了自家看姊妹，問誰妝抹似西湖。”皆爲西湖生色。

嘉應李秋田明經光昭，其德配某氏號紅蘭館主，工集古，嘗取禊帖集楹聯數十，爲一時傳誦。余記其尤雅者，如“萬年觴有清和氣，一品集無時世文”；“老竹當風生古趣，幽蘭臨水抱閒情”；“品齊日觀雲亭峻，氣與風蘭水竹清”。皆流麗可喜。

卷　七

　　乾隆丙午，高要謝立山<small>啓祚</small>年九十四，番禺劉樸石<small>彬華</small>年十三，同舉於鄉。大吏贈以詩云："菊花香發榜花開，酒泛延齡暢引杯。太史文章宜浴日，參軍詞賦久聞雷。老人南極天邊見，童子春風座上來。不負九霄頒玉尺，靈椿珠樹盡良材。""金鰲碧海瑞氤氳，盛事科名昔罕聞。白首老儒當益壯，青年稚子總能文。臣心共結求珠網，士氣群蒸捧日雲。壽考作人三載近，一經猶願繼香芸。"至今傳爲科名佳話。

　　嘉善謝東君員外<small>垣</small>嘗買得《漢隸分韻》舊本，中夾繡鍼綵線花樣各物。謝賦詩云："章程墨妙慕無雙，狐腋千金集衆長。染練已憐描蛺蝶，懸鍼猶記繡鴛鴦。蔡邕遺法能傳女，衛鑠浮名恐蔽王。欲使簪花臨筆陣，青牛文帳護琳瑯。"彼蓋疑爲香奩中物也。

　　浙江提督余步雲未遇時，嘗至友人家，適扶鸞，關神武降壇。步雲叩問臨難時光景。乩大書曰："二十年後便知。"又嘗偕關公天培詣一相士，叩終身。相士曰："二公皆貴人，但俱不得善終。"關曰："我輩起家戎伍，沙場效死，固其分也。"意甚洒然。而步雲陰叩相士以禳解之術。相士曰："多行善事，當可免耳。"二公去後，相士語人曰："關公正人，余公庸才也。"道光辛丑之役，關官廣東提督，在虎門戰死。步雲以失機伏法。相士之言皆驗，計去步雲叩乩時，適二十年矣。

　　嶺南向無雪，道光乙未臘月二十一日，夜忽大雪，深尺許。許青皋茂才賦七古一篇云："城頭瞬瞬孤日沉，漫空忽布同雲陰。荒村古道絕人迹，昏鴉瑟縮爭投林。獰飆入夜勢逾烈，一聲低壓竹梢折。擁被蕭齋寒未曉，檐際紛紛洒飛雪。乍聞隱約還猜疑，繼詫奇習驚奇絕。粵中何幸得壯觀，忘卻幽衾冷如鐵。曉起揩眼烟迷濛，階前盈尺苔砌封。樓臺凹凸不復辨，萬家變作瓊瑤宮。何當躡足白雲頂，晶瑩高踞孤松峰。不然珠江放棹去，光明躍入琉璃中。玉山銀海盡游覽，少見多怪誇衰翁。漫云南雪自漢始，孝元故宅埋荆杞。聲斷琴弦喚難起，更有海雪稱畸人，古往今來一彈指。靜參此理殊悠然，彼蒼造化原無偏。蠻烟瘴雨久消歇，特將皓景開南天。我與梅花訂後約，共乞玉戲逢明年。題詩呵凍筆瘦硬，紙窗竹屋助清興。笑呼兒女共圍爐，狼藉何妨任盤飣。再教沽酒催奚奴，來日人家醉司命。”
此詩頗似東坡。

番禺崔鼎來孝廉_彌有《酒器歌》，謂此器爲明世廟①
所賜伯祖侍御誠齋公物也。似窰似玉，一足中通，藏小
孩兒於中。崔詩有“足藏仙人小於指，滿之以酒仙特起”
之句。余家亦有此器，不知何名。咸豐丁巳，避兵佛山，
倉卒中爲僕輩跌碎，頗可惜。

嘉慶辛未大考，歙縣洪賓華修撰_瑩四等第一，錢塘
戚蓉臺編修_{人鏡}一等第四，二人乃同年。先是京師有句
云：“三月十八，八月十三，聖祖祖孫齊萬壽。”無有能
對者。至是或爲之對曰：“一等第四，四等第一，編修修
撰兩同年。”

丹徒張茶農大令_深《周公瑾墓》詩云：“談兵顧曲擅
風流，膽略高居第一籌。赤壁功成身即死，不留遺議付
千秋。”慈溪任月波大令_荃《赤壁懷古》詩云：“千里樓
船一炬空，浪傳奇蹟借東風。天心已定三分勢，僥倖周
郎立戰功。”皆若爲周郎幸也。

登雲閣原名快風，距北郭里許，背山面水，野趣宜

---

① 明世廟，明世宗朱厚熜。

人。余嘗偕許青皋茂才、樊昆吾上舍小飲閣中，見壁上題詠林立，惟一詞最佳，不署姓名，乃浴佛日偕友人小集於此者。調寄《水龍吟》詞云："銅槃灌佛歸來，伊蒲米汁煩菴主。逃禪別愛，黃墟舊約，甕開椒雨。燕已成家，蠶將結局，蹇驢重駐。嘆文園病嬾，疏花禁酒，負多少，高陽侶。　一任搏沙散聚，餞春歸、并愁還與。紅嬉翠譃，君應恕我，醉時狂語。無限青山，不多斜照，鷓鴣啼處。且悲歌往覓，王家曇首，唱西陵樹。"余擊節再三，曰："此必沈伯眉學博詞也。"詢之果然。伯眉名世良，番禺人。

嶺南天氣，寒燠不常，山陰俞壽羽上舍鶴齡詩云："昨宵炎熱汗沾巾，今日風寒手欲皸。裘葛四時須在篋，無衣難作嶺南人。"俞久客粵東，窮愁潦倒，故其言如此。

花會，賭博之一端也。以三十六人名爲標，每日開一名，射中者以三十倍償之。一日之間，輸贏無算。汪芙生《花會謠》云："真珠小字群芳譜，浪蝶狂蜂作花主。日日名園開一枝，批紅判白無人知。重房密隖藏春巧，買花人多得花少。看朱成碧動經時，轉綠迴黃無定期。一樣鴛鴦三十六，東風消息令人疑。"惡薄之俗，主持風化者，宜知所轉移也。

葛壯節公由武進士任定海鎮總兵，丁憂，道光庚子
軍興，就家起用。辛丑，英吉利繳還定海，以公復鎮。
八月戰死。余嘗見其與妹聟朱上舍_{世祿}書，其略云：“夷
匪一案，未發之前，文武大吏漠不關心。失事之後，倉
皇無措，遷延日久，群議蠭起，或矜意氣，或圖便私，
既無切中窾要之論，亦無公忠體國之心，時事至此，尤
堪長歎。余受事後，屢言犬羊之性，非大加懲創，無以
善後。並將勤辦機宜，分晰條陳，而當事諸公咸以爲難。
自後局勢屢變，忽勤忽撫，總無定見。現雖收復，而善
後事宜，更無把握。余一武人，仰荷聖明起用，惟不避
艱危，務盡我心而已。”又言“韓姓欠項，自愿早還，以
省利錢，緣近況拮据，不能應手”云云。公以三軍之帥，
受九重之知，生榮死哀，馨香俎豆，誠一代偉人。讀其
家書，不禁肅然以敬，愴然以悲也。

　　珠江女録事柳小憐頗知書，喜讀番禺陳蘭甫孝廉_澧
詞。余嘗人日買舟招游花埭，時小雨初霽，姬至萃林園，
遂逡巡不欲行。余詰之，對曰：“怕行近，滑了穿花雙
屐。”語蓋孝廉詠《苔痕》句，可謂言語巧偷鸚鵡舌矣。

　　宋藹若觀察刺簡州時，有積案猾賊，不畏嚴刑，屢
鞫不能得實。一夕升堂，取錦箋十幅置案上，前列四役，
旁侍一童，提賊訊之。賊不承，即取箋作絶句二首。再
訊不承，則作五七律各一首。又訊，則作短古一首。漏

已三下矣，童役皆倦，而賊亦甚苦之，然不遽承也。乃更作長七古一首，朗誦不已。賊大不耐，遂具言所事，而獄定矣。舒鐵雲孝廉賦《折獄篇》云："威不必彌尾青，惠不必細箭五十束。人肝不代米，蒲鞭不示辱。圍棋破敵風鶴驚，文字參禪野狐逐。事在簡州刺史夜治獄，獄亦久不服。刺史登堂來，盡取官紙然官燭。囚跪階，官仰屋，一硯一墨一筆禿，前列四役後一僕。囚意刺史當更厲聲鞫，不爾具三木，甎瓦鋪膝檀擊足。如是刑罰惟所欲，彼能堅忍況桎梏。亡何刺史詩興忽大發，十幅錦箋抽一幅。先爲絕句詩，定是偶然作。既成五七律，詩律細於法律①酷，亦不識刺史所作何題目。短歌未斷長歌續，事在心頭稿在腹。驀然開口吟，絲竹不如肉。據案疾書如判牘，詩成示囚，囚不能讀。爲囚作詩，囚乃大哭，具言其事所以然，罪莫贖，誓不敢再反覆。刺史呼吏胥，取其所詞一一錄。囚言畏清不畏嚴，清畏人知，況工吐屬。生不願包公一笑黃河五百年，獨喜子路之諾不信宿。官鼓鼕鼕雞喔喔，以詩詰囚囚竟伏。借問何所似，有似燭照數計而龜卜。兩旁侍者倦欲眠，猶恨刺史詩不速。唐以詩取士，法吏文選熟。皋陶賡載歌，所問自然淑。身爲宰官身，彈琴尚嫌俗。身爲苦吟身，擊鉢則已戚。何似深宵吟得詩數篇，絕勝長日惟消棋一局。

---

　　① 法律，原作"治律"，據《瓶水齋詩集》卷十一《簡州刺史折獄篇爲宋鼐若觀察作》改。

我歌簡州刺史宋，説本珥陵山人陸。輶軒可采，蠻貊可牧，君不見漢朝循吏若干人，第一文翁能化蜀。”

黄琴山觀察嘗夢梅花美人，後得姬人雲今，宛如所夢。因作夢梅圖，攜至都中，遍徵題詠。嘉應吳石華學博蘭修填《虞美人》一闋云：“羅浮一夜吹香雪，倦夢衾如鐵。月迷離處玉爲臺，記得風鬟露鬢踏花來。　而今碧樹棲鸞鳳，離合還疑夢。杏花消息怨東風，又累美人春夢小樓中。”時黄方應試春官，將次放榜，故云。

李碧舲孝廉僑居佛山，咸豐甲寅，土寇起，毀其居。事平，重葺之。落成之日，署一聯于門曰：“修我墻屋，反其旄倪。”集句可謂天然。

秦淮舊院①《教坊規條碑》，余嘗見其拓本，略云：入教坊者，準爲官妓，另報丁口賦税。凡報明脱籍過三代者，準其捐考。官妓之夫，緑巾緑帶，着猪皮靴，出行路側，至路心，被撻勿論。老病不準乘輿馬，跨一木，令二人肩之云云。閲之不覺失笑。

《三十六鴛鴦館詩》張小香少尹著，中有句云：“獨

① 秦淮舊院，明代南京妓院區。余懷《板橋雜記》云：舊院人稱曲中，前門對武定橋，後門在鈔庫街。

坐碧梧陰，寒潭弄雲影。”又“推枕不成眠，秋燈怯孤
影”，又“葉落暮山空，斜陽淡僧影”。三押影字皆妙，
余戲呼爲張三影。

香山女史李桂泉_{如蕙}，三水梁一峰大令元配也。先
是，邑有詩社，李名列前茅。同人遂爲梁執柯，合卺之
夕，梁有句云：“難得蹇修盡名士，題門親爲賦催妝。”
一時艷稱之。

人奇，詩亦因之以奇，馬秋藥太常有《楊鬍子歌》，
蓋爲楊軍門_{遇春}賦也。詩云：“賊怕楊鬍子，賊怕鬍子走
脫趾。不怕白鬍大尾羊，只怕黑鬍楊難當。賊正蒼黃疑
未決，瞥見黑鬍擲身入。刀嫌太快矛太尖，只使一條鐵
馬鞭。逢人撾人馬撾馬，血肉都成甕中鮓。須臾將士風
湧波，縱橫步騎從一騾。賊忽乘高石如雨，鬍子鞭已空
中舉。賊忽走險奔如蛇，鬍子騾已橫道遮。森森賊寨密
排壘，鬍子從外陷其內。重重賊隊圍如帶，鬍子從內潰
其外。鬍子鞭騾繞賊走，吞賊胸中已八九。瞋目一叱鬍
槎枒，賊皆撲地爲蟲沙。相傳失路曾問賊，賊指間道教
鬍出。賊寧不怨鬍子鞭，頗聞鬍子爲將賢。鬍子待士如
骨肉，螳大功勞無不錄。拔擢真能任鼓鼙，拊循含淚吮
瘡痍。嘻嘻賊中感服尚如此，豈有官軍肯惜死。”寫得生
氣勃勃，彷彿聽鼓鼙之聲而思將帥也。

　　湘潭張湘帆刺史坊宰曲沃時，邑有太子廟，後人并
祀奚齊、卓子。前令改祀申生，邑人以爲不然，辨訟不
休。張定爲五公子廟，奉申生、文公、惠公、奚齊、卓
子合祀焉。當堂判以詩云：“太子沉舟往跡湮，奚齊立廟
究何因。公侯冢嗣人誰據，今古滄桑事孰詢。直享申生
猶近禮，若偕卓子更無倫。幾朝斷案如山積，增祀同堂
始有神。”又宰陽曲時，村民王姓掘得祖遺窖穀千石，族
人爭之。王呈控，呈詞有明隆慶、崇禎窖簿。衆以時逾
百載，地中安得有完穀。張據《禮記》仲秋“穿竇窖”，
又據《史記》任氏窖穀粟，窖穀本有明徵。取穀碾試，
炊食猶馨，乃斷以七百石與王姓子孫，以三百石與王姓
族人，衆皆悅服。亦當堂判以詩云：“高曾五服自相親，
掘得黃糧出窖新。異代兵荒難定案，千年文字好安民。
平情七百貽孫子，推愛三分畀族人。穀窖南方全不信，
太倉高爽尚成塵。”此二事引經折獄，又復雅令宜人，可
謂“爲政風流今在兹”[①] 矣。

　　珠江游船最盛。汪芙生嘗填《喜遷鶯》詞詠之云：
“珠兒珠女，喚三十六雙鴛鴦同住。柔櫓雙枝，文窗四
面，中有春情無數。江湖最宜游冶，載取兩頭簫鼓，泥
他淺碧闌干，剛稱鬧紅詞句。　　來去帆影小，趁着東風，
吹向春多處。魚藻門前，荔枝灣畔，不許尋芳人誤。歸

---

①　杜甫《七月一日題終明府水樓二首》詩中句。

來夕陽小泊，還傍綠垂楊樹。好留取，待夜深酒醒，欹
篷聽雨。"誦此一詞，不禁神往於青簾白舫中矣。

錢塘沈碉房孝廉名蓁，康熙丙戌計偕北上，榜前夢羅
昭諫見過。醒後賦詩云："鵠袍烏幘一先生，刺寫江東給
事名。八百年來成把臂，可能還訪舊雲英。"遂絕意
春官。

道光辛卯，黔西州民羅國富妻夏氏一產三男。時州
牧爲東鄉吳蘭雪刺史嵩梁，有詩贈云："慶雲連日護茅庵，
湯餅重闈笑語酣。大衍今年符萬壽，孿生此地得三男。
人才盛出栽培厚，聖澤釀知化育參。撫字自慚爲政拙，
螽斯佳詠補周南。"咸豐丁巳四月十八日，廣州朱某之妻
潘氏亦一產五男一女，尤異聞也。

粤東多詩會。有馬稜舫者，嘗在會中詠五風十雨，
有句云："客留常侍宅，烟散列侯家。"張南山師評曰：
"讀此聯忘其爲切十切五，但令人想見漢唐時長安風景。"

《疑雨集》皆香奩之什，王笠舫大令素不喜之，賦詩
云："雲雨荒唐竟夢思，非關宋玉有微詞。浪傳樂府攜桃
葉，失笑巴人和竹枝。綺麗即今猶作俑，淫奔自古不存
詩。祖龍已死囊螢在，付與茶毗尚恨遲。""燕趙歸來慷
慨多，暮年誰分動關河。門中女自窺人面，壁上伶休唱

我歌。杜曲烟花傷薄幸，蘭成衰柳感婆娑。那能更聽師涓調，回向霓裳問大羅。"余嘗謂言情之作，當有寤寐求之之意，不可有伊其相謔之風。《疑雨集》不免近於猥褻，宜大令之不滿意也。

沙三者，蘇州人。嘗於端陽觀競渡，一日之内，手散萬金，人因呼爲沙三標子。家遂中落，僅餘五百金，復於中元廣招僧道爲盂蘭盆，大施口食。糁米爲團，雜以胡麻，筐承車載，堆塞道路。四方乞丏，聞風奔赴，以數萬計。高結香龕，顔曰"麻團勝會"。自撰楹帖云："三標子現身説法，大老官及早回頭。"事畢，五百金告罄，以衣質青蚨一串，爲生計資。日持歌板，市麻團於里巷。有向其購者，歌一曲以侑食焉。未幾死。此亦宇宙間畸人也。

道光乙巳四月二十一日，廣州九曜坊神誕演戲，火厄二千餘人。是日所演爲諸葛孔明借風。上虞張松谷^權有詩云："聽築高臺演祭風，繁弦急奏太匆匆。只憐九曜坊前石，不減周郎赤壁紅。"

桐鄉朱鄉圃茂才^{鴻猷}《憶父》詩云："莫道兒思阿爹苦，異鄉思子更凄涼。"讀之令人增天倫之重。仁和宋茗香助教^{大樽}《示弟》詩云："十年兄弟飄零久，難得相逢是故鄉。"讀之令人增友于之愛。海州張秦川學博^{文渭}

《答友》詩云："可憐一夜思千遍，片夢何曾到粵東。"讀之令人增友朋之誼。嘉興陶東籬茂才璉《寄內》詩云："老去更無兒在膝，惟君憐我我憐君。"讀之令人增伉儷之情。

　　南海馮潛齋太史成修乾隆乙卯重宴鹿鳴，年九十四，自撰楹聯云："年方弱冠便登科，有何難哉，亦是逢場作戲；壽寓百齡重宴爾，自云幸矣，任教舞綵爲歡。"按乾隆鄉試共二十七科，起丙辰，終乙卯。是科粵東次題適與丙辰相合，亦一異事。

　　海珠寺在珠江中，四面游船鱗集，繁弦急管，達旦不休，爲廣州冶游勝境。張南山師有《滿江紅》一闋云："一水盈盈，似湧出、蓬壺宮闕。遥望處，紅墙掩映，碧天空闊。光接虎頭春浪遠，影翻驪夢秋雲熱。看人間天上兩團圓，江心月。　南北岸，帆檣列。花月夜，笙歌徹。願珠兒珠女，總無離别。鐵戟苔斑兵氣靜，石幢燈暗經聲歇。試重尋忠簡讀書堂，英風烈。"咸豐丙辰，其寺毀於兵火，疇昔歡娛之地，今爲瓦礫之場。所謂忠簡①讀書堂者，亦在烟水渺茫中矣。

　　吳蘭雪刺史姬人岳綠春，山西人，能書擅畫。歸吳

---

① 忠簡，指李昴英。李昴英，廣東番禺人。宋名臣，卒謚忠簡。

六載而卒，年二十。吳哀悼欲絕，其集中有乩詩自序云：
"一日，方石亭明府家扶鸞，延袁藹花仙史降壇。余適
至，詢姬因果。乩成一詩云：'東湖新柳遶春堤，冷月荒
齋夜不迷。記取紅鵝山下路，綠雲如掌待君題。'稍停，
復書曰：'今日稍有職事，只好約略言之。然前因後果，
已了了矣。催雲舊史，本住犀宮；約雨仙郎，原居月海。
銀河水淺，難容比目之魚；玉管花飛，願跨連翹之鳳。
偶獲薰蘭之咎，同離降露之區。此前因也。廿年花艷，
重來嫩綠之鬟；千里車來，共覓好春之句。不似人間天
上，粉本雙窺；却從漢水荆山，金環再認。可惜吟髭似
雪，元蛤香寒。更憐妙句如蘭，綠熊玉並。此後果也。
且不甚遠。'余未釋然，次日復延仙史至壇，曰：'綠春
畫筆，極有清致，足爲粉侯出色，其不永年亦在此。昨
所謂不甚遠者，廿年一瞬耳。不必狐疑。今已往生言氏，
小名月姑，我輩在此清談，彼正啞啞學語也。'"云云。
其後綠春再來之説，不聞徵驗。殆吳造作乩語，以妄塞
悲耳。

百花冢在白雲山，地名小梅坳，明季歌者張麗人葬
處。當日會葬時，諸名流各植一花于其墓，故名。香山
黃田門少尹允中嘗至其墓，有詩弔之云："畢竟情根終不
死，一枝花現一前身。"覺麗人雖死猶生。

百花冢今已傾頹，咸豐乙卯，同人約醵資重修。番

禺陳奎垣_{起榮}代爲小啓云：“竊以真孃墓上，蠟屐蟬登；蘇小墳前，游鞭鱸至。雖屬曇花之已杳，仍持香草以興懷。況夫灰換紅羊，穴穿白鼠。荆榛徑没，頻曳斜陽；狐兔蹤紛，常嗥夜月。每歎美人命薄，難禁我輩情鍾。小梅坳百花冢者，前明彭孟陽之所營，麗人張二喬幽靈之所宅也。三尺苔封，一枝花葬。香魂縷縷，便娟餘草木之芳；埋玉深深，朝暮泯雨雲之跡。當其時，陳秋濤①之剛勁，爲著清謳；黎美周之端嚴，代銘幽竁。以及螢案才人，鷄窗學士；繫情舊雨，彈指秋風。經營馬鬣之餘，憑弔螺鬟之畔。迨乎滄桑既改，陵谷旋移；碣斷塵封，砌頹烟鎖。每繁華之回首，彌感慨以關心。爰集同人，並襄勝舉。攀蘿得徑，撥棘尋碑，傷觸目之蒼涼，切深情於修葺。獨是裘待千狐之集，廈難一木之支。用敢普籲有情，遍陳同志，事非諛墓，助望傾囊。義高者無論兼金，力薄者何慳一帖。蔣千章之花木，騷客留連；補夾道之松楸，佳城葱鬱。遥想風温窀穸，非無銜結之人；月淡棠梨，大有咏吟之魄矣。均爲踴躍，無事遲疑。願此同心，勿吝翹首。謹啓。”後其事卒不果行。余録此文，企他日有起而始終其事者。

浙人吕壽田_{德福}嘗以畫蘭進呈，仰邀御賞，遂自矜貴，不輕爲人著筆。鑄小印曰“九重鑒賞”，每作畫，輒

<hr>

① 陳秋濤，原作“陳秋燽”，據文義改。

用之。順德吳星儕孝廉炳南題其卷云：“水墨清新出別裁，花神笑口一時開。至今猶有驕人色，曾荷先皇鑒賞來。”可謂蘊藉。

王笠舫大令《綠雪堂集》中，有《簾鈎》詩四首，思清語雋，余酷愛誦之。嘗與杜季英論及此詩，季英以爲尚欠刻劃，遂援筆賦四首云：“銀蒜深垂碧戶中，櫻桃花底約簾櫳。樓東乙字初三月，亭北丁當廿四風。翡翠倒含春水綠，珊瑚返挂夕陽紅。雙雙燕子驚飛處，鸚鵡無言倚玉籠。”“丫叉扶上鎖窗間，押住爐煙玳瑁斑。四面有聲珠絡索，一拳無力玉彎環。攀來桃竹招紅袖，輕冒楊花上翠鬟。記得前宵踏歌處，有人連臂唱刀鐶。”“曲瓊猶記楚人詞，落日偏宜子美詩。一樣書空摹蠆尾，三分月影却蛾眉。玲瓏腕弱夜無力，宛轉繩輕風不知。玉鳳半垂釵半墮，簪花人去未移時。”“綠楊深處最關情，十二紅墻界碧城。似我勾留原有約，殢人消息久無聲。帶三分暖收丁字，隔一重紗放午晴。却憶太真含笑入，釵光鬢影可憐生。”鈎心鬥角，典麗風華，殊不減王作矣。

倒喇，金元戲劇名也。此技國初時京師尚有之。故竹垞、初白俱有觀倒喇詩。今不聞有此矣。鎮洋盛子履學博大士《燈市春游詞》云：“毬塲逐隊去來頻，歷落星暉漸向晨。若使重逢倒喇戲，燈街猶有倚樓人。”

　　女兒香出東官①，其地有香市。沈伯眉學博嘗以此香
遺沈偉士化杰，兼媵以詞，調寄《摸魚兒》云："笑分
來、女郎祠畔，兒家香國初領。硬黃小帖臨新婦，不似
銅罏清韻。長日靜，恰背客、開箱小瀹釵頭茗。紅閨酒
醒。料琴薦微溫，簪痕淺劃，風味箇儂近。　華鬘夢，
憔悴人天難證。攤書誰伴荀令，仙雲縹緲吹衣細，也算
煙鬟霧鬢。還暗哂，莫心字、成灰又斷相思影。殘薰未
暝，待葛布裁衫，竹枝按拍，同把小名認。"時偉士方有
比紅之悼，故後闋及之。記汪芙生亦有《天香》一闋詠
此題云："綠褪斑深，黃餘螙蝕，何時買向山市。合德前
生，瑤英故事，化出可憐名字。贏他意可，休更説、海
南沈水。慣是鴛鴦惹夢，依稀一窩雲膩。　織取江干竹
子，稱收藏、一箱新製。記得早春時候，綠窗閑試，比
似娥江酒味。只暖意、微薰令人醉。醉裏溫摩，雙煙一
氣。"余每爲擊節，今讀學博詞尤爲歎絕。

　　華亭張詩舲侍郎祥河撫陝西時，嘗摹元趙孟頫子昂、
明董香光其昌、國朝張天瓶照三象，刻石嵌於署中，題曰
"書家三文敏公象"，各賦七絕二首。尚記其《題趙文
敏》句云："占盡吳興風物美，肯容墨妙一亭高。"蓋侍
郎爲天瓶先生之裔，故有此刻。

---

　　①　東官，即今廣東東莞市。

清江楊蘭畹制府錫紱詠螢句云："剛有流光能自照，已忘腐草是前身。"長洲周迂村茂才準詠蝶句云："多少繁華任留戀，不知止是夢中身。"家大人詠蟹句云："近來禾黍秋江裏，借問橫行得意不？"皆不專詠物也。

揭陽黃岐山有明季女史黃月容墓。女史，江南人。年十五歸馮元颷爲篷室。大婦遇之虐，會馮他出，遂酖殺之。馮哀悼欲絕，葬於山麓，其墓上有花狀如野菊，開於暮春，土人名之曰鬼菊花。弔之者有句云："香魂畢竟吹難散，冢上還開鬼菊花。"張松谷游揭陽歸，爲余述其事。江南不少名花，何馮家之多妬雨也？

桂林有老兵年四十餘始娶妻，先大父有詩贈云："喜君得婦製征裳，塞外無須怯暮涼。他日登樓終有恨，祇今縮帶已生香。白頭吟老青春賦，碧玉釵橫綠鬢妝。從此行軍休眷戀，丈夫勉力事戎行。"

吳石華學博嘗有題趙飛燕印拓本詩四首，其序云："玉印徑寸，厚五分，潔白如脂，紐作飛燕形，文曰'倢伃妾趙'，四字篆似秦璽，獨趙字以鳥跡寓名。嘉靖間藏嚴分宜家，後歸項墨林，又歸錫山華氏及李竹嬾家，最後嘉興文後山得之。仁和龔定菴舍人以朱竹垞所藏宋拓本婁壽碑相易，益以朱提五百，遂歸龔氏。此冊乃何夢華所拓也。"詩云："碧海雕搜出漢宮，迴環小篆字尤工。

承恩可似繆綢印，親醮香泥押臂紅。""不將名字刻苕華，
體製依然復內家。一自宮門哀燕燕，可憐孤負玉無瑕。"
"黃門詔記未全誣，小印斜封記得無。回首故宮應懊悔，
再休重問赫蹏書。""錦裹檀薰又幾時，摩挲尤物不勝思。
烟雲過眼都成錄，轉憶龔家婁壽碑。"今印歸潘德畬方
伯，余嘗得見之。按趙氏位倢伃凡三人，一鈎弋，一宜
主，一合德也。

《兩般秋雨盦隨筆》載：浙江轉運張映璣，山東人，
性寬和，善滑稽。一日，出署有婦人攔輿投呈，則告其
夫之寵妾滅妻者也。公作杭語從容語之曰："阿奶，我
係鹽務官職，並非地方有司，但管人家喫鹽事，不管人
家喫醋事也。"笑而遣之。按喫醋二字，見《續通考》，
獅子日食醋酪各一瓶。世以妬婦比河東獅吼，故有
此語。

崑山吳某以布衣挾詩卷遨游縉紳間，凡南北名勝，
不遠千里，著之於詩。時人多樂與之游。嘗居金陵，築
長吟閣。適造訪者見其詩卷中有元日懷某相國之作，因
戲之曰："開歲第一日懷朝中第一官，便吟到臘月三十
日，豈能及我輩耶。"一時傳以為笑。仁和龔春潭澡身有
詩嘲之云："涉遠登高興未闌，歷年行卷座中看。胸中多
少佳山水，元日偏懷第一官。"

番禺鄭薆坪明經灝若，藏有家雲林先生紙本山水一幅，自題云："數里清溪帶遠堤，夕陽芳草亂鶯啼。欲將亭子教搥碎，多少離愁到此迷。"按，此詩《清閟閣集》①不載。

古人生日，就余所知者甌録之。絳老正月初一日，見《左傳》。孔子八月二十一日，見《山堂肆考》。老子二月十五日，見《史纂古編》。孟子二月初二日，見《孟譜》。田文五月初五日，見《史記》。屈原正月二十二日，見《漢日叢談》。東方朔五月初一日，見《洞冥記》。諸葛亮七月二十三日，見《談薈》。關神武五月十三日，見《桃園記》。張飛五月初五日，見《桃園記》。謝靈運十一月二十七日，見《事文類聚》。白居易正月二十日，見《唐記事》。崔鈺六月初六日，見《列仙傳》。韓湘六月初七日，見道書。崔信明五月初五日，見《崔信明傳》。張萬回五月初五日，見《輟耕録》。呂嵒四月十四日，見《續文獻通考》。李迪八月十五日，見《臨溪詩話》。安禄山正月二十日，見《考異》。李鈺五月初十日，見道書。王鳳五月初五日，見《西京雜記》。曹瑋六月二十日，見《聞見後録》。杜庭光六月初五日，見《梁書》。趙友欽六月十八日，見道書。郝大通正月初三日，見《史纂古編》。陸修靚三月初二日，見道書。朱子九月十五日，見《史纂》。歐陽修六月二十一日，見《年譜》。文彥博九月二十九日，見蘇軾《誥》。王旦十二月二十六日，見《宋史》。趙鼎十二月二十三日，見《宋史》。寇準七

---

① 《清閟閣集》，元代畫家倪瓚的文集。

153

月十五日，見魏野詩。蘇軾十二月十九日，見詩話。蘇轍二月二十日，見《蘇氏譜》。王安石十一月十二日，見《吳會漫録》。陸游十月十七日，見詩集。張正常六月十三日，見《史纂》。李昴英①九月二十一日，見《行狀》。宋景濂十月十二日，見小傳。黃庭堅六月十二日，見《年譜》。辛棄疾五月十一日，見《年譜》。黃公望八月十五日，見《疑年録》。文天祥五月十一日，見《玉海》。賈似道八月初八日，見《齊東野語》。張孟兼正月初六日，見《宋學士集》。海陵正月十七日，見《金史》。耶律楚材六月二十日，見宋子貞撰碑。劉操十月十四日，見道書。吕坤十月初十日，見《疑年録》。陳旭九月初九日，見《翰墨大全》。鄭仲涵九月十三日，見《宋濂集》。朱震亨十一月二十八日，見《宋濂集》。吳真方十一月二十四日，見《史廉集》。王嘉十二月二十二日，見《史纂》。倪瓚正月十七日，見《年譜》。梁儲七月十二日，見《行狀》。李東陽六月初九日，見□□□□。王守仁九月三十日，見《年譜》。陳獻章十月二十一日，見《年譜》。唐寅二月初四日，見《墓誌》。徐渭二月初四日，見自著《畸譜》。董其昌正月十九日，見《婁縣志》。宸濠六月十三日，見《樵書》。倪岳四月二十三日，見《年譜》。陳邦彦四月初一日，見《行狀》。張邦紀九月初一日，見《行狀》。沈鍊九月初七日，見《年譜》。嚴嵩正月二十八日，見《烏衣佳話》。程邵公八月初四日，見□□。楊繼盛五月十七日，見《墓誌》。黃道周二月初九日，見《行狀》。倪元璐十一月十六日，見《年譜》。鄺露二月初六日，見□□。黎遂球七月初五日，見《行狀》。異日

---

① 李昴英，原作"李昂英"，據文義改。

再有所見，當補入續話。

咸豐甲寅，粵東土寇蠭起，海豐令林公芝齡率精壯百
人，黑夜縋城，殺賊無算。賊怒，糾合他股，併力環攻。
城中糧盡思潰，料知不支，以縣印付幕賓耿某，潛懷赴
府乞援。題四律於壁，遂自刎死。詩云："報國徒然恨此
身，自憐作縣等庸人。並無奇績酬君父，祇有孤忠諒鬼
神。事到難圖留碧血，死當爲厲滅黃巾。秋風一掬英雄
淚，洒向荒城瘴海濱。""出奇運盡五更籌，不剪狂奴死
不休。自守危垣經百戰，敢偷一息負千秋。羊羹餉士朝
披甲，馬革隨身夜枕矛。無那漫天妖焰熾，宵分鬼哭聽
成愁。""隻手從知保障難，賓逃客散一燈殘。那堪十面
圍垓下，況復三旬阻賀蘭。末吏分符逢浩劫，孤臣仗節
死微官。深悲萬姓遭荼毒，滿目烽烟不忍看。""吹散西
風半夜霜，家山無路遠迷茫。絕憐眷屬羈孤館，誰裹殘
骸返故鄉。百里提封慚惠愛，半生遺稿付滄桑。功名到
底成空幻，留與行人話夕陽。"堂堂大節，真足千古矣。

近樂工皆以合士上工尺爲音節，廢却宮商角徵羽字，
其緣起不知始於何時。偶閱《浩然齋雅談》載：張斗南
樞宮詞有"銀箏乍艷參差竹，玉軸新調尺合弦"之句。
按斗南，南渡時人，是工尺上士合五調，宋時已有之矣。

道光甲申，羊城西園、南園以詩社相競。西社題爲

《紅梅驛探梅》，南社題爲《菩提紗》。徐鐵孫觀察兩冠其軍，奪其赤幟以歸，一時傳爲佳話。其《紅梅驛探梅》詩云："問訊梅花嶺上村，一梢春影亞關門。寄書驛使爾曾見，同姓神仙今尙存。無雪月時香亦冷，最風塵處品逾尊。雲封寺北無消息，聞説枝寒要酒温。"其《菩提紗》詩云："夙生根諦舊無遮，入手玻璃一片斜。已墮綺羅休問劫，幸留風骨莫爭華。浣經功德池中水，籠稱莊嚴座上花。拈向黄梅求妙偈，不應還道本非紗。"觀察著有《懷古田舍集》。

乾隆時，大學士來文端公保善相馬，聞嘶即能辨其優劣。嘗路見負煤老驥，以重價購之，滌以入貢。上因文端夙有伯樂之稱，命蓄以上駟。會降酋阿睦爾撒納來朝，上臨灤陽萬樹園。阿酋素以騎射著名，上欲覘其技，輒以無馬辭。侍臣出戈什哈馬示之，絕不當意。文端令園人牽所貢之負煤老驥，使之乘，甫振轡而墜，三試皆然，阿酋大慚。尚未之異也，殆阿酋叛，大爲西陲邊患，侍臣有憶萬樹園馳射時事，以良馬先知其叛逆，故怒擲之，請加三品俸料焉。文端之目力，又出伯樂上矣。

《樗散軒叢談》載：《紅樓夢》實才子書也。或言是康熙間京師某府西賓、常州某孝廉手筆，巨家間有之，然皆抄録，無刊本。乾隆某年，蘇大司寇家因是書被鼠傷，付琉璃廠書坊裝釘。坊中人藉以抄出，刊板刷印漁利。其書一百二十回，第原書僅止八十回，余所目擊，後四十回不知何人所續云云。按，《紅樓夢》八十回以後，皆高蘭墅<small>鶚</small>所補，見《船山詩注》。

卷 八

張南山師九月三十日生日，咸豐丁巳，年七十八，值重游泮水之年，余輩爲之稱觴，李紫黼學博獻一聯云："詩稱三子，學績三餘，望重三城，福懋三多，壽祝三秋，願松柯益健，菊節彌堅，文囿詞場陪杖履；身歷四朝，名高四海，官尊四品，科連四世，堂開四代，況夫婦齊眉，兒孫晉爵，國恩家慶樂林泉。"是年黃香石師、吳秋航大令與師俱重游泮水，可謂一時盛事。

道光壬午，廣州城西火災，亘三日夜，焚一萬七千六百餘家。番禺謝照山光國賦《羊城火災歎》，中有數語云："祝融得勢揮赤符，彤旟絳纛隨風旗。火龍銜銜吐火珠，火馬業業馳火車。玉石灰燼同斯須。"此真非常災異也。

聞有某大令官江北時，重修平山堂，落成之日，牓

158

曰"某年月日某縣正堂某重修"。或賦詩嘲之云："太守風流宴蜀岡，千秋人尚説歐陽。不知當日題名字，可是揚州府正堂。"聞者絶倒。

吴蘭雪刺史有句云："誰知縱酒酣歌地，中有唐衢淚數升。"此歡娱中悽愴語。張南山師有句云："莫持崇儉爲高論，欲濟窮黎散富錢。"此游戲中見大語。

番禺金醴香員外菁茅刻《和東坡浴日亭詩》，搜采幾至無遺。但和灣字，終嫌千篇一律，惟曾賓谷方伯"空吟海日似王灣"七字最佳。以王灣有"海日生殘夜"之句。

京師陶然亭水邊有網燕者，游人爭買放之，一雙數錢，謂之燕子錢。錢塘沈崥公上舍璖《陶然亭小集》句云："破除鄉思鵝兒酒，妝點新聞燕子錢。"新雋可喜。

番禺許星臺水部應鑅，賓衢觀察猶子也。嘗畜一姬，名月桂，築别室居之。後爲大婦所覺，蹤跡遂疎。一夕過余寓齋，茶話良久，忽歎曰："今夕月色殊佳，一年無幾日也。"余笑曰："月色固佳，惜少天香雲外飄耳。"水部爲之解顔。

眼鏡一物，是習慣使然，如今之婦人未見有戴短視鏡者，豈婦人皆不短視乎？有李星輝者，詠眼鏡云："白髮幾人非借力，紅顏對爾獨無情。"頗切當。

詩人詞客，多喜與方外往還。吳星儕孝廉有句云："未能盡把交游謝，又約詩僧訪酒家。"李紫黼學博有句云："一天雨意游人少，閒與山僧靜品茶。"一醉以酒，一款以茶，二君愛僧，不減鄭都官矣。

廣州七夕乞巧，皆陳織女梳妝盤，翦紙爲之，凡香奩所需之物，無不悉備，銀燭畫屏之側，無此不豪也。汪芙生有詩詠之云："金迷紙醉影交加，伯玉盤中許並誇。兒女從來工想像，神仙何處着鉛華。一輪樣借姮娥月，四照光分帝子花。料得黃姑才調好，催妝詩就倚靈槎。"

襄平朱心池錦官桂林時，嘗薙髮，剃工誤將左眉剃去，其妻以筆補之。朱戲成絕句云："攬鏡掀髯笑不休，不留寸草自風流。縱然未得全消釋，也省春來一半愁。""時樣從交似月彎，含情妙在有無間。須知西浦雙峰好，不及淮南一角山。""莫把雲烟較紫芝，平分濃淡最相宜。但教對客多青眼，何必從人鬪白眉。""苦吟賈島一生窮，落盡眉毫句更工。我亦珊珊具仙骨，開頭先試伐毛功。""每笑淵材鐵鑷鉗，無端拙手誤眉尖。傳神倘遇長康筆，留取三毫額上添。""紫氣黃雲漫較量，虎頭新染墨痕香。

補天原是纖纖手，莫訝多情老孟光。”誦此詩，想見其
風趣。

　　珠江爲冶游之地，燈火笙歌，最爲繁盛。道光戊申、
己酉間，余嘗載酒聽歌，藉以陶寫，因繪珠海夜游圖，
一時題詠林立。汪芙生爲之序曰：“江山無恙，如識吾
曹，風月有情，幾逢清夜。廼有吹鉒道人之笛，驚起魚
龍；彈石學士之箏，飛來鸞鶴。此宵如水，有客疑仙。
烟墨傳之，風華逈爾。吾友倪子雲癯，羊車綺歲，鶴氅
丰神。幺鳳同鄉，記故居于癸水；文鴛情性，尋香夢于
丁簾。袁渚吟詩，每忘申旦。襄城擁榓，雅愛清游。以
爲昔日南濠，已如銅陌；今時北里，即是珠江。遂乃歡
侶命儔，擷芳選勝；效石頭之打槳，如渡口之聞歌。處
金迷紙醉之場，買春有術；當酒釅燈濃之際，卜夜無辭。
具是勝情，因傳妙繪，此夜游一圖之所由作也。觀其波
如鏡展，月共人圓；三更玳瑁之天，一色玻璃之水。漱
珠橋外，紅出一燈；得月臺前，白搖雙槳。今夕何夕，
伊人美人。樂府歌辭，子夜四弦之曲；真靈佐業，楞嚴
十種之仙。慘綠衣涼，是何年少，閙紅舸在，合住詞人。
挾傾城名士以俱來，作月地花天之小集。以視兩番赤壁，
羽客吹簫；十里虹橋，雛鬟度曲。古今雖異，游賞匪殊。
然而湘瑟曲終，秦箏人遠。前身明月，雖嘗與我周旋；
春水綠波，畢竟干卿底事。不無感慨，別具情禪，則茲
圖之身現阿難，緣生法喜。歌板酒旗之地，中有人焉。

香城色界之中，吾無隱爾。固雲瓔菱華之妙悟，而慧業之證明也乎。琅花不著身，久忘結習，月能照影，時與裹裹。惜握臂之已遲，悔遨頭之未共。游春選夢，和詩慚白傅之才；買夏論圍，讀畫在紅雲之隔。丹青一例，粉墨千秋。請呼南海之仙人，更寫西園之雅集。此日頰珠三百，從君荔子邨中；他時渌酒十千，尋我桃花潭上。自注：時君方招游唐荔園。"

張南山師十三歲時，聘方氏女。越五載，將卜吉請期，而女以哭母病歿。師得其小像及手臨洛神一紙藏之，爲賦《懷仙》詩云："修成慧業易生天，藥店飛龍竟化烟。温嶠鏡臺留隔世，阿嬌金屋貯何年。落梅風颺雕欄外，修竹寒生翠袖邊。不信癡蟲吞魄去，幾番翹首望團圓。""天女乘風訪素娥，怕來禪榻伴維摩。韋郎再世風情減，崔護重尋淚點多。縱有胡麻難作飯，空留團扇不成歌。年年寒食梨花節，一瓻椒漿奠女蘿。""雙魚碧海盼迢遥，獨鶴瑶臺耐寂寥。灑淚雨零紅豆溼，步虛風起白榆摇。聘錢天上償非易，鑄鐵人間恨未消。藏得彩鸞書一紙，此生無分學文簫。""星辰昨夜已前塵，欲向修羅問夙因。浪説蘭香嫁張碩，不知仙子憶劉晨。望來殘月如初月，坐對新人念故人。日把沈檀熏小像，可能紙上降真真。"艷情哀思，不減奉倩神傷矣。

南海何澹如茂才又雄輯有《春秋對》，兹擇其尤工者

録之。如地名云："五鹿對多魚，寧母對落姑，無棣對有
莘，五梧對六蓼，牡邱對陰阪，鹿上對鼃陰，須句對首
止，盧柳對郵棠，綿上對析隈，王官對公婿，子駒對夷
虎，絳市對黃崖，柳棼對瓜衍，陽邱對陰地，故絳對酒
藍，大鹵對不羹，城父對任人，城棣對旅松，菜柞對蘽
蔜，雞父對狐人，蒲姑對桐汝，陰人對長子，瓻地對酒
泉，樓臺對野井，舟道對橐皋，厥貉對令狐，襄牛對羈
馬，死鳥對高魚，舒鳩對鳴鹿，甘鹿對爽鳩，老桃對長
葛，菟裘對繻葛，大棘對長楕，小穀對先茅，垂棘對采
桑，沙鹿對城麇，曹南對聶北，舒蓼對翳桑，室皇對訾
母，黑壤對黃池，魏榆對犨櫟，窮桑對負黍，軍祥對姑
蔑，儀栗對垂葭，冶父對戲童，申息對辰陵，萑苻澤對
桔柣門，潁黃氏對故絳都。"又人名云："狐毛對狼瞫，
萊駒對欒豹，鍼虎對鉏麑，申驪對子駟，子虎對申犀，
鱗朱對駟赤，駟帶對麇裘，頭須對羽頡，子尾對申須，
黑背對朱毛，子皮對皇耳，羽父對翼侯，毛伯對翼人，
子桑對孫蒯，公果對僚柤，倉葛對趙羅，女叔對嬰兒，
子之對午也，申亥對子辛，郭重對梁五，韓萬對晉重，
史墨對闞丹，藍尹對白公，榮黃對魏絳，南遺對西乞，
申舟對子印，負羈對振鐸，王黑對叔青，程鄭對尹何，
囊瓦對鑪金，鮑國對鳶鞮，姑容對子革，黑肩對元角，
叔牙對侯羽，張骼對晏氂，甲父對申公，洩駕對敄鞮，
黃帝對絳人，子金對伯玉，赤狄對黎侯，弦高對管仲，
季札對樂書，伯石對叔弓，紀子帛對魯申繻，陰飴甥對

陽處父，陰不佞對敝無存，曹伯露對圉公陽，滕虞母對
夷射姑，宋茲父對齊諸兒，蔡甲午對楚子庚，公孫黑對
汝尹朱，姚句耳對樊仲皮，曹侯赤對箴尹黃，羊舌職對
狐鞫居，公孫辰對司寇亥，季孫宿對王子朝，陳侯柳對
富父槐，薛伯穀對饔人檀，長魚矯對司馬侯，先丹木對
析朱鉏，工尹赤對公孫青，棠君尚對穀伯綏，司馬子反
對揚豚尹宜，司馬子重對苑羊牧之，箴尹克黃對齊侯小
白，晉侯重耳對楚成大心，世子有以對叔孫僑如，南宮
長萬對東關嬖五。"俱見匠心。

廣州全福部小伶勝兒，演劇樂昌，有小家女見之，
愛其韶秀，思以身許，而羞于自言。忽忽成疾。嗣母廉
得其情，欲以嫁伶，爲父所格。乃遍覓方藥，或告之曰：
"得所悅者之中衣，煎藥服之，即愈矣。"母從伶乞之。
伶惑于人言，以爲將不利于己，堅不許。女遂卒。長白
某公子聞其事，戲爲詩云："女兒心事太駸癡，已死僵蠶
尚有絲。誰道望梅能止渴，可憐嫁杏竟愆期。鳥因自誤
終銜恨，狐豈無情爲善疑。搗碎東風紅豆子，人間何處
種相思。"《牡丹亭》曲云："單相思，害得忒明昧。"其
此女之謂歟！

滿州穆鶴舫故輔彰阿與宣廟同庚，除夕生日，僚屬公
賀，多頌揚語。公俱不愜意，惟桂星垣觀察一聯云："一
德贊襄，帝庇元臣同壽考；四時調燮，天生上相在春

前。"公見而喜曰："畢竟才人吐屬，與衆不同。"

黃田門少尹有句云："石迎人面笑，泉和鳥聲啼。"何減"山從人面起，雲傍馬頭生"。喻少白參軍有句云："官閒僮僕懶，病久友朋疏。"何減"不才明主棄，多病故人疏"。

熊荻江孝廉以畫著名，每歲硯田所入頗豐，常朗吟唐六如句云："閒來寫幅青山賣，不使人間造孽錢。"比年求者絶少，熊又朗吟六如句云："湖上水田人不要，誰來買我畫中山。"聞者皆笑。

宗室奕公湘官廣東都統時，嘗得蕃馬，高大異於凡駒。無錫丁采之玉藻爲賦蕃馬詩云："大將鎭番禺，金鞭玉鹿盧。人間驚虎脊，天上割龍芻。異域歸忠傳，仙源積慶圖。他年紫光閣，誰爲寫神駒。"按頸聯上句見《唐書藝文志》，下句見《宋史孝宗紀》，真絶對也。

陽湖莊盤珠①女史嘗塡《浪淘沙》一闋云："夢斷小紅樓，宿雨初收。閒庭蜂蝶上簾鈎，一院落花春不管，儂替花愁。　吟賞記前游，轉眼都休。風前扶病強擡頭。

① 咸豐本原作"莊培珠"，今按清金武祥《粟香隨筆》（清光緒刻本）卷二改作"莊盤珠"。

知道明年人在否，花替儂愁。"未幾卒，遂成語讖。

廣州素無戲園，道光中有江南人史某始創慶春園，署門聯云："東山絲竹，南海衣冠。"其後怡園、錦園、慶豐、聽春諸園，相繼而起。一時裙屐笙歌，皆以華靡相尚，蓋昇平樂事也。番禺許霞橋孝廉褆光嘗招余輩賦觀劇詞，得數百首刻之。汪芙生觀劇詩序所云"偶求顧曲，多慘綠之少年；有客吹簫，喚小紅為弟子。人生行樂，半在哀絲豪竹之場；我輩多情，無忘對酒當歌之日"者，足以見一時文酒風流之盛。比年以來，閭閻物力，頓不如前，游宴漸稀，諸園皆廢。自客歲羊城兵燹之餘，疇昔歌場，都已鞠為蔓草矣。盛衰喧寂，彈指變遷，可為太息。

張南山師有句云："達人勸我須行樂，舊雨新墳草半遮。"老年拘謹者，宜誦此。香山黃萬青員外廷昭有句云："樂極勿為長夜飲，有人燈下卜金錢。"少年沉迷者，宜誦此。

番禺馮展雲太史譽驥釋褐歸娶，陳蘭甫學博贈以楹聯云："蓮炬移歸，艷傳嶺嶠；蘭閨靜對，閒話蓬萊。"可為玉堂佳話。

帆影閣在城西沙面，珠江諸妓往來宴客之所，牙檣錦纜，過者如雲。順德梁詠流銓部_{世杰}嘗集閣中詩云：
"層層傑閣俯西河，十里潮平水不波。紅板青樽花舫夜，
萬燈如海酒人多。"旗亭雙鬟，能歌此否？

　　宋子容_{壽昌}，杭州人。道光初，其父官雲南，納妾生
宋。三歲而父歿，嫡母攜之歸浙，留其生母於滇。年稍
長，微聞其事，欲往尋。以嫡母在，不敢行。宋初不名
壽昌，感宋時朱壽昌事，遂易今名。其後嫡母卒，以貧
故游粤東。咸豐丁巳，聞人言生母猶在滇中，乃決意往
尋。戚友以劇病未瘳，況傳言未足信，咸勸止之。宋唯
唯。一日，忽棄妻子去，所親遣人追之不及。比聞已抵
雲南矣。汪芙生嘗有詩寄之，詩云："不暇憐妻子，何心
計死生。卅年雙淚盡，萬里一身行。金馬秋無際，慈烏
夜有聲。白頭應好在，相見涕縱橫。"宋所爲足見稱於君
子，惜滇距粤遠，無由知其得見所生否也。

　　番禺葉蘭臺太史_{衍蘭}，與其弟_{茰船}茂才_{衍桂}俱著才名。
嘗爲余題珠海夜游圖，太史《浪淘沙》詞云："萬頃碧
玻璃，花舫輕移。鏡中人影畫中詩，照見詞人行樂處，
紙醉金迷。　舊事悵迷離，前夢依稀。披圖感觸少年時，
除却灣灣眉子月，更有誰知。"茂才《買陂塘》詞云：
"漾明蟾、涼波瑟瑟，融成秋色如水。珠光蕩出花田影，
恰趁輕橈容與。風月侶，愛如此良宵，綰得詩魂往。裁
牋索句，試大白深浮，小紅低唱，人在鏡中語。　歡娱

事，最是中流簫鼓，燈紅酒綠無數。年來舊夢都陳迹，恨說烟花南部。君聽取，我亦有，消魂醉淺香深處。他時相遇，試三尺孤篷，一枝長笛，重把畫圖補。"誦此二詞，覺太史難爲兄，茂才難爲弟。

嘗聞周篠綠《泊潯陽江贈人》詩云："江波淡淡月華斜，有客津橋繫小艖。儂是天涯淪落慣，已無酸淚濕琵琶。"俞溥臣《春游》詩云："綠楊陰裏繫青驄，白板雙扉夕照中。不是重來感崔護，桃花也自對人紅。"俱翻得妙。

順德蘇枕琴六朋工畫人物，頗得元人筆意。陳朗山孝廉嘗填《賀新郎》詞，題其小照云："俊鶻風前舉，認何郎、疎眉細爪，瘦腰如許。池館涼生新雨後，一幅明窗乍覩。把鏡裏、年華偷數。渴病文園纔幾日，便蹉跎五十無心度。青髩影，恐非故。　紫簫不用秋心譜，問相逢、短笠飄然，歸來何處。愛煞隨身新畫本，粉墨淋漓漫與。更一事、頻勞分付。聞說淨鬟稱入室，勸老蓮添上雙眉嫵。還刻意，爲君賦。"按，淨鬟，陳洪綬妾。蘇姬人余鏡香，亦善畫。故云。

平江孫月坡麟趾、秣陵秦雪舫耀曾合刻《青溪水榭倡和詞》一卷，元和韓崇爲之序。余最愛其中"闌干"兩闋。孫《西子妝》云："低染烟痕，斜隨月影，傍砌玲瓏如許。美人不用小鬟扶，繞迴廊、爲誰延佇。啼鶯密樹。把一角、欲遮還露。畫橋邊，惜綠殘紅褪，曾經風雨。　相思路。曲曲彎彎，故意將儂阻。袖香尚有蜨來尋，照空波、幾曾流去。昨宵倚處，儘堆着、落花無數。曳羅裙、記否斜陽院宇。”秦《解連環》云：“錦紋排好。愛玲瓏亞字，不迷望眼。抱曲廊、收束烟光，便咫尺林亭，彎環無限。縱没人凭，早留得、袖香幾點。怕落花小逕，雨僝風僽，碧减紅斷。　纖腰也誇瘦削。任垂楊靠處，春愁誰管。問十二、可似層城，算如此遮欄，夢遥天遠。倒影空波，却趁着、夕陽西轉。憶前宵、卷簾悄拍，露珠泠瀎。”孫詞學玉田，秦詞學碧山，皆頗神肖。

蒲田吳氏，粤之鹾商也，大開詩社，以《紅樓夢》事分得四題，各以七律詠之。卷以萬計，糊名易書，延番禺洪日厓孝廉^{應晃}評閱，如鄉會試之例。取得黄星洲學博等百人，各酬以縑帛珍玩。先是，番禺女史張蘭士卷已錄第一，及開榜，主人以爲女子壓卷，恐招物議，遂以黄卷易之，其實黄詩本不及張也。亟爲錄之。《黛玉葬花》云：“携將鴉嘴繫奚囊，無賴春心黯自傷。未必紅顔皆薄命，頓教黄土也生香。彩幡低護魂應妥，濁酒重澆怨恐長。底事誄花難握管，一般愁緒費商量。”《寶釵撲蝶》云：“沁芳①橋畔好春光，鶯自和鳴燕自雙。高下蝶

---

①　沁芳，原作“泌芳”，據《紅樓夢》第十七回改。

隨飛絮舞，娉婷人愛繞花忙。苔痕狼藉弓鞋溼，扇影輕
盈寶串香。細語喃喃留小步，樹陰濃翠欲沾裳。"《湘雲
臥茵》云："洒脫情懷綺麗年，要從香界小游仙。花前扶
醉風無力，夢裏尋春蝶有權。上頰酒濃眉黛蹙，壓肩香
重鬢雲偏。睡鄉料得甜何似，鸚鵡簾櫳莫浪傳。"《晴雯
補裘》云："翠羽含風缺一翰，累人癡病未曾安。情懷生
小寒暄①共，罅隙無多組織難。燈裏顏容愁慘淡，眼前刀
翦淚辛酸。他年醉擁應須記，燭炧房櫳漏欲殘。"女史名
秀端，南山師之女也。著有《碧梧樓詩鈔》。

余繪珠海夜游圖，題者如雲，如黃香石師云："莫言
碧海揚塵事，難得青天送月來。"梁福草比部云："赤壁
畫圖蘇玉局，青溪詞曲柳屯田。"萬心田太史云："三千
界內清光徧②，十五年來韻事留。"李菂儂孝廉云："綠
樽紅袖詩人舫，鋹板銅琶學士詞。"李小芸郎中云："書
庫羅胸花滿眼，酒杯在手月當頭。"王蘭汀大使云："拋
擲黃金銷綺恨，雕鐫白璧賦閑情。"李小川少尹云："紅
燭兩行花未睡，碧天一色月初圓。"陶鳳岡茂才云："幾
人金屋藏嬌艷，千古珠江得月多。"何泛槎少尹云："嫋
嫋笙歌三叠曲，翩翩裙屐六朝人。"耿子和云："一樣船
如天上座，三更人向鏡中游。"幹元上人云："魚龍寂寞

---

① 暄，原作"喧"，依詩意改。
② 徧，原作徧，據文意改。

三更夢，烟水空濛萬里秋。”錢曇如女史云：“珠海無波
舟自穩，青天不老月常圓。”又譚玉生學博云：“三十年
前花月夜，與君同是少年人。”陳蘭甫學博云：“須知文
酒尋常事，却是珠江全盛時。”陳少史孝廉云：“簫聲驚
起魚龍舞，親捧明珠進酒來。”沈小山參軍云：“羨煞雲
林一枝筆，畫眉題帕未曾停。”曾曉山云：“酒痕狼藉殘
襟在，記取銀杯半折釵。”汪玉山云：“詩人應似垂楊瘦，
領略西風十五年。”蕭藕舫云：“最是相思忘不得，西風
紅豆着花時。”讓卿上人云：“夜深雙槳乘潮去，酒滿芳
樽月滿船。”此外題者甚多，未能悉録，異日當彙刻一
集也。

　　嘗見絶詩兩章，汪禹九《看海棠》詩云：“海棠未
放我先癡，得意春三二月時。醉去不知身入夢，和花私
語怕人知。”又俞溥臣《折梅》詩云：“信手拈來玉一
叢，芬芳滿袖趁晴烘。有人笑指風前説，春在詩人掌握
中。”按，海棠不入杜詩，梅不入《離騷》，皆香國中缺
事也。

　　許青皋茂才素不能飲，凡遇宴會，舉杯而已，實不
飲也。一日，偕余輩集珠江畫舫，有女録事某笑謂茂才
曰：“君生平何皆文酒之會耶？”文與聞同音，合座粲然。

　　海幢寺内有觀音像，其像有鬚，祈嗣者往往應驗。

德文莊公撫粵時，嘗往求子，遂生英煦齋相國和。後相國弟某司馬官粵東同知，相國寄題楹聯云：“佳氣海天遙，憶當年兆協桑弧，早沐神慈垂默祐；政聲山斗在，念此日蔭承蘭錡，敢忘忠藎紹清芬。”至今此聯猶懸殿壁。

余今年三十矣，一事無成，二毛已見，偶閱吳石華學博詞云：“算男兒三十未封侯，非人傑。”讀之慨息累日。近又閱劉孟塗茂才開詩云：“男兒三十休言困，謝傅當年未出山。”則又釋然矣。

袜胸製自楊貴妃。妃私安禄山，禄山指爪傷妃乳，乃爲袜胸蔽之，名金訶子。吳縣潘紱庭明經曾綬嘗填《風蝶令》詠之云：“搋袖分明見，抽襦捉搦藏。綃霞一抹認柔鄉，兩兩巫峰隱隱費思量。 兜得愁無底，遮來體更香。橫攔好夢最牽腸，小小魂靈飛不出紅墻。”按，《留青日札》：今之袜胸，一名襴裙，自後而圍向前，故又名合歡襴。

上海張少華舍人熙純好騎射，有句云：“山店桃花分馬色，溪橋楊葉試弓聲。”歸善張翰生都督玉堂善指書，有句云：“指墨潑從投筆後，拳書揮自督師前。”一文人而有英雄氣，一武人而有儒雅氣。

阮文達公送友贐儀，署曰"毛詩一部"，蓋言三百
也。近閱《雨韭盦隨筆》載：平聖臺納寵，紀文達公送
賀儀以詩韻一部。蓋用四聲爲戲也。兩文達公可謂一雅
一謔矣。

道光己亥四月朔日，張松谷家扶鸞，有李名甲者降
壇，書一絶云："長夜凄涼思不禁，寒風酸雨栿沉沉。只
因羞食嗟來食，消受窮愁直到今。"尚有駢體文兩篇，因
篇長不能備録。此鬼清介，可謂身異性存矣。

茅小山觀察豫，浙江人，素懼内。官河東鹽法道時，
南海張棠村太守業南戲爲詩嘲之，有"借問茅山老道士，
河東獅吼近如何"之句。聞者發粲。

道光中，廣州北門外聚龍岡有古冢傾圮，墓磚出焉。
許青皋茂才以重價購得數十方，磚長慮傹尺一尺五寸，
寬九寸，厚二寸。磚側皆有文，曰"永嘉五年辛未，宜
子保孫"，曰"永嘉六年壬申，子孫昌，皆侯王"，曰
"辟除不祥"，曰"子孫千億，皆壽萬年"，曰"陳仲所
造"。志乘無可考，不知誰氏之藏。按，永嘉紀元者二，
漢孝冲帝惟乙酉一年，其曰永嘉五年辛未，則晉懷帝無
疑也。是年六月，劉聰陷洛陽，執帝歸平陽，封會稽郡
公，改元嘉平。明年壬申，則劉聰嘉平二年也。孝愍帝

至癸酉四月始即位，改元建興，此以壬申爲永嘉六年[1]，則嶺表偏隅，猶奉晉之正朔也。青皋歿後，磚歸許星臺水部。水部築三十六磚吟館貯之。

屈戌[2]詩罕見佳作，杜季英嘗以此題賦七律四首云："斷續連環約曉風，枇杷花下掩房櫳[3]。屏山六曲香難入，鏡檻三更夢不通。甲帳分燈窺硯北，丁簾悉索誤樓東。夜來閨思知多少，深鎖春光一院中。""一桁窗紗日欲催，更無人處燕低徊。靈犀心小重關透，了鳥聲傳榍子開。北戶零星深悵望，南華胅篋幾番猜。璇宮沓冒中宵徹，留待昭陽赤鳳來。""掩入燈光鬲子青，慣敲詩處夜堂扃。誰歌樂府關防密，人約重門宛轉輕。碧月雙鈎金虎乙，紅樓四面玉魚丁。殘釵夢斷聞殘語，小玉初開十二屛。""未向黃庭悟玉笺，低垂絡索撼罘罳。金蟾夜囓人私語，銅雀春深暖不知。別院有心同曲折，中宵無夢扣葳蕤。當時留枕空相憶，長爪工吟七字詩。"可謂此題絕唱。

惠州豐湖書院，風景頗佳。宋芷灣太史嘗爲院長，時藝外以詩古文詞提唱後進。嗣入都，臨別題一絕句於

---

① "改元建興"下原闕"以壬"二字，今按《廣州大典》集部之《桐陰清話》本補。

② 屈戌，門窗上之鉸鈕。

③ 房櫳，"櫳"原作"**籠**"，未見於字書，今依文義改。

壁云：“兩年看大芭蕉葉，日日扶長箂竹枝。忙裏不知詩緒美，挑泥擔水已多時。”狂草縱橫，字大如斗。伊墨卿太守仿籠紗之例，作高欄平護之。然堊壁易敗，近剝落無遺矣。此詩應採入郡志，以誌風流名蹟。

惠州元妙觀爲羽士大道場，古檆拏空，奇石挺立，洵爲東州福地。其大門有楹聯云：“玉局仙人留帶日，趙州和尚喫茶時。”亦宋芷灣太史手筆。現成語一經拈出，恰是本地風光。

山陰周一山茂才炳曾，嘗倩畫工繪小影，名醉僧圖。左攜一孌童，右抱一妓女，自題一詩云：“木樨菡萏一齊開，畫紙姻緣事事諧。借問師邊誰個着，左風懷似右風懷。”可謂游戲三昧。

銅雀臺硯，得者珍同拱璧。會稽劉素山大令蕭獨不喜之，嘗有《漳河懷古》句云：“鋃鋙欲碎澄泥硯，片瓦千年臭尚遺。”惡奸雄并惡其臺瓦，宜沈石田之繪碎硯圖也。

陳棠溪儀部袖海樓詩：“三層陶屋玲瓏甚，十笏蕭齋窈窕開”，此貴人別業也。張南山師杏林莊詩：“在野漁樵都入畫，到園賓客總留詩”，此高人別業也。

詠臘月十五夜月，最難着筆。山陰丁息園上舍^姓有句云：“勸君莫厭通宵坐，再見須知又一年。”與李嘯村“故國有人終夜望，今年祇此一回圓”，異曲同工。

《遺經樓集》，金醴香員外著，中多紀恩感遇之作。嘗笑謂余曰：“此余有韻履歷也。”按烏程姜笠堂茂才^{宸熙}、東鄉吳蘭雪刺史^{嵩梁}兩家詩集，人目爲有韻搢紳錄。一見《夙好齋詩》注，一見《松心隨筆》。

歙縣程春海侍郎^{恩澤}家藏馬湘蘭小硯一方，背鐫湘蘭小像，一時名流題詠甚夥。祥符周穉圭中丞^{之琦}《三姝媚》詞云：“蟾蜍清淚洒，暈脂痕猶新，粉香初研。翠斝妝樓，想鏡中眉樣，半蛾偷借。鬭葉閒情，偕象管、鸞箋消夜。悄炙紅絲，沈水濃薰，棗花簾下。　髣髴冰姿妍雅。恰手撚蘭枝，練裙歌罷。舊匣空尋，甚石橋新月，尚矜聲價。過眼雲烟，隨夢影、銅臺飄瓦。認取南朝遺墨，青溪恨惹。”此詞可謂佳作，第不知硯與湘蘭小像爲何如耳。

粵俗除夕，相傳老鼠嫁女，輒燃燈牀下，掩户早寢。大興孫逸農司馬^{福田}句云：“莫笑人無禮，翻憐汝有家。”不可謂非此題之佳句也。

昔有人題釣臺詩云：“一着羊裘便有心，虛名浪説到如今。當時若掛簑衣去，烟水茫茫何處尋。”以爲未經人道。余嘗聞江西漁翁無不穿羊裘者，名曰簑衣褛。彼作者蓋未深知耳，然不可不辨也。

陽春譚康侯部曹敬昭，十二歲時應縣郡試，凡十四冠軍。某撰一聯賀云：“百千卷裏無雙士，十四場中第一人。”可謂絕無僅有。

廣州禪林中，僧多解吟詠，以余所識者摘録之。如純謙句云：“果熟猿能獻，花香蝶解尋。”幹元句云：“凉風吹短夢，落日挂新愁。”曇樹句云：“晚風移柳港，凉月過花田。”晬昌句云：“晝禪雲外樹，詩夢竹間樓。”展宏句云：“四面牛羊秋草地，幾家烟火夕陽村。”成果句云：“一龕佛火三層閣，萬斛松濤半枕山。”讓卿句云：“坐跌修竹嘗新茗，斜枕流泉讀異書。”皆有翛然出塵之致。

十二月立春，常事也。南海吳樸園宮詹彌光詩云：“猶是田家伏臘天，已看花信到梅邊。椒盤獻後添佳話，迎却新春再送年。”所謂詩有別裁者，殆謂是耶。

余自去冬避亂來佛山，寓梁福草比部汾江草廬。閒居無事，惟以著述自娛，雖饔飧不繼，弗顧也。金壇王蘭汀大使家齊寄懷以詩云：“辛苦倪高士，萍蹤少定居。

仍爲賃廡客，不廢帶經鋤。避世應耽酒，憂時且著書。清泉在山好，坐對愧何如。”又番禺沈伯眉學博_{世良}亦寄懷以詩云：“兵火南園舊徑荒，扁舟別我水雲鄉。桐花一石誰分餉，此是梅家饞鳳凰。”“移家翻賃梁鴻廡，五噫歌成唱和新。試遣張爲圖主客，款門添我寄詩人。”友朋情重，良足感也。

錢塘陳曼生司馬_{鴻壽}嘗襆被來粵，舟次儲潭，同舟馮放山_{廷華}，其鄉人也。偶登舵樓①，失其一履，戲爲詩嘲之云：“舵尾看月上，隻履如飛鳧。從者庹非也，徒人誅可乎。我家赤腳婢，只配黃頭奴。君但跣一足，決踵還勝無。”世稱司馬善謔，此亦一証。

朱竹垞《鴛湖櫂歌》百首，搜采幾備。山陰吳覺先_{尊尹}題其後云：“曝書亭子題詩句，不減徐熙寫畫屏。賸水殘山都入拍，如何脫却女兒亭。”可爲曝書亭補遺。

近詠岳武穆詩者，閩縣薩檀河大令_{玉衡}云：“十年戰伐歸三字，五國羈魂泣兩宮。”順德梁愛樹司馬_{植棻}云：“一時火殿來三詔，萬里冰天賺兩宮。”句同而意別。

道光辛丑英吉利犯廣州，陳都督_{連陞}戰死於沙角砲

---

① 舵樓，原誤作“舵褸”，於義應爲“舵樓”，據改。

臺，坐下馬爲賊所得，飼之不食，棄之，悲鳴而死。三水歐陽雙南孝廉鐕爲賦《義馬行》云：“有馬有馬，公忠馬忠。公心唯國，馬心唯公。公殲群醜，馬助公鬭。羣醜傷公，馬馱公走。馬悲馬悲，公死安歸。公死無歸，馬守公屍。賊牽馬怒，賊飼馬吐。賊騎馬拒，賊棄馬舞。公死留鞊，馬死留髁。死所死所，一公一馬。”此詩不獨爲良馬長價，兼可爲忠臣生色也。

鞵盃行酒始自楊鐵崖，近歡場之會，多有仿而行之者。大興沈小山參軍濟清詩：“昨夜肩頭今夜酒，不曾孤負可憐宵。”新會黃笛樓上舍鶴秋詩：“濕到鳳頭非是酒，剛纔風露立中宵。”沈則情深，黃則語妙。可以並傳。

鎮洋畢秋帆尚書沅撫陝西時，嘗爲楊太真修墓。事竣，夜夢青衣童子邀至一宮，見太真，曰：“感君高誼，增壽一紀。”據此則《長恨歌》所云“中有一人字太真”必非臨卭道士僞托也。

詩見性情，方元鶹讀史有句云：“六經磨得英雄老，錯計焚書是祖龍。”悔心漸萌也。孟桐懷古有句云：“文人別有蒼涼感，不問迷樓問選樓。”習氣未除也。

六月九日爲李文正生日，余與之同。孟蒲生孝廉嘗篆小印見贈，文曰“李西涯同日生”。按，阮文達嘗有

"白太傅同日生印"，孝廉蓋仿其意，足徵推許之殷。但文達固可媲美香山，若以余比西涯，則滋愧矣。

錢塘金問漁少尹元新娶姬人潘氏，字臥雲，能詩。嘗見其重陽一絕云："深閨嬌小亦登高，觸景詩成漫説豪。聞道劉郎終擱筆，描鸞箋上敢題糕。"劉郎詩豪而爲前人所輕，不料千秋下有女相如代爲吐氣。

昔人有句云："故人好比庭中樹，一日秋風一日疎。"番禺林化南茂才兆鯤有句云："近來恨似春潮長，一日還愁一日多。"一則淚灑庭中之樹，一則悲生江上之潮，感逝傷懷，不堪卒讀。

余撰此書成，内子典嫁衣數襲以資刻費。汪芙生有詩贈余云："汗青無力付鑴刊，泊宅編成只自看。不是玉臺知己在，著書容易刻書難。""典到金泥簇蝶裙，衣香新換墨香熏。刻成一卷珍珠字，好向紅閨拜細君。"内子見之，謂余曰："雅謔也。然竊不願卿再著書。"余問其故，微笑曰："恐女兒箱無多長物耳。"余不覺失笑。

跋

　　昔鶴林佚響，語繼齊東；蠹尾餘閑，談徵池北。承平足紀，楮墨斯傳。邇者，羊石塵驚，鵝潭波沸，漫天鴻雁，遍地蟲沙。榮與雲癯避居佛山，風聲鶴唳，常悸心魂，薪桂米珠，彌艱事畜。方謂窮愁交迫，曠達難期，乃雲癯復以讌集之閒情，誌藝文之佳話。今雨舊雨，見知聞知，每因事以録文，不以謔而傷雅。即或詼諧並採，亦師規諷於東方；究之考核維嚴，勝紀煙花於南部。張鷟朝野之載，等此搜爬；李廌師友之談，遜其超妙。榮常陪研席，偶其校讎，方驚餤吐檞槍，竊喜功成梨棗。牢騷頓豁，擊賞莫遑。矢石未驚，堪媲桐壽樂郊之語；琴樽足誌，請看端義貴耳之書。咸豐戊午秋月，貢隅奎垣陳起榮跋。

181